KÖNIGS ERLÄUTERUNGEN
Band 79

Textanalyse und Interpretation zu

Johann Wolfgang von Goethe

DIE LEIDEN DES JUNGEN WERTHER

Rüdiger Bernhardt

Alle erforderlichen Infos für Abitur, Matura, Klausur und Referat plus Musteraufgaben mit Lösungsansätzen

Zitierte Ausgaben:
Goethe, Johann Wolfgang von, *Die Leiden des jungen Werther.* Heftbearbeitung:
Uwe Lehmann. Husum/Nordsee: Hamburger Lesehefte Verlag 2010 (Hamburger Leseheft Nr. 115). Zitatverweise sind mit **HL** gekennzeichnet.
Goethe, Johann Wolfgang, *Die Leiden des jungen Werther.* Nachwort von Ernst
Beutler, Stuttgart: Philipp Reclam jun., durchgesehene Ausgabe 2001 (Reclams
Universal-Bibliothek Nr. 67). Zitatverweise sind mit **R** gekennzeichnet.

Über den Autor dieser Erläuterung:
Prof. Dr. sc. phil. Rüdiger Bernhardt lehrte neuere und neueste deutsche sowie
skandinavische Literatur an Universitäten des In- und Auslandes.
Er veröffentlichte u. a. Studien zur Literaturgeschichte und zur Antikerezeption,
Monografien zu Henrik Ibsen, Gerhart Hauptmann, August Strindberg und
Peter Hille, gab die Werke Ibsens, Peter Hilles, Hermann Conradis und anderer
sowie zahlreiche Schulbücher heraus. Von 1994 bis 2008 war er Vorsitzender
der Gerhart-Hauptmann-Stiftung Kloster auf Hiddensee. 1999 wurde er in die
Leibniz-Sozietät gewählt.

5. Auflage 2018
ISBN 978-3-8044-1900-1
PDF. 978-3-8044-5900-7, EPUB: 978-3-8044-6900-6
© 2002, 2010 by C. Bange Verlag, 96142 Hollfeld
Alle Rechte vorbehalten!
Titelabbildung: © ullstein bild – Granger Collection
Druck und Weiterverarbeitung: Tiskárna Akcent, Vimperk

INHALT

1. DAS WICHTIGSTE AUF EINEN BLICK – SCHNELLÜBERSICHT   6

2. JOHANN WOLFGANG VON GOETHE: LEBEN UND WERK   10

2.1 Biografie   10

2.2 Zeitgeschichtlicher Hintergrund   16

Aristokratie und Bürgertum   16

Homer, Ossian, Shakespeare und Rousseau   18

2.3 Angaben und Erläuterungen zu wesentlichen Werken   25

3. TEXTANALYSE UND -INTERPRETATION   31

3.1 Entstehung und Quellen   31

3.2 Inhaltsangabe   41

Erstes Buch   42

Briefe im Mai   42

Briefe im Juni   44

Briefe im Juli   46

Briefe im August   47

Briefe im September   48

Zweites Buch _____ 48

Briefe im Oktober, November
und Dezember 1771 _____ 48

Briefe im Januar und Februar 1772 _____ 49

Briefe vom 15., 16. und 24. März
sowie vom 19. April _____ 50

Briefe von Mai bis September _____ 50

Briefe im Oktober und November _____ 52

Briefe im Dezember _____ 52

Herausgeberbericht _____ 53

3.3 Aufbau _____ 56

3.4 Personenkonstellation und Charakteristiken _____ 63

Werther _____ 64

Lotte _____ 67

Albert _____ 67

Wilhelm _____ 68

3.5 Sachliche und sprachliche Erläuterungen _____ 69

3.6 Stil und Sprache _____ 91

3.7 Interpretationsansätze _____ 94

Ablösung der feudalabsolutistischen Macht _____ 94

Das Subjekt und seine Leidenschaften _____ 95

Die neuen Normen der „Natur" _____ 97

4. REZEPTIONSGESCHICHTE   98

Erster Bestseller der deutschen Literatur _____ 98

Warnung vor Nachahmung _____ 99

Einflüsse des Romans auf andere Bereiche _____ 103

Moderne Gestaltungen _____ 106

5. MATERIALIEN 108

6. PRÜFUNGSAUFGABEN 111
   MIT MUSTERLÖSUNGEN

LITERATUR 125

STICHWORTVERZEICHNIS 130

1. DAS WICHTIGSTE AUF EINEN BLICK – SCHNELLÜBERSICHT

Damit sich jeder Leser in diesem Band sofort zurechtfindet und das für ihn Interessante gleich entdeckt, folgt hier eine Übersicht.

Im 2. Kapitel wird Goethes Leben beschrieben und auf den zeitgeschichtlichen Hintergrund verwiesen:

⇨ S. 10 ff.
→ Johann Wolfgang von Goethe lebte von 1749 bis 1832, vorwiegend in Weimar, der Hauptstadt des Herzogtums Sachsen-Weimar-Eisenach. Bis 1771 wurde er in Leipzig und Straßburg zum Juristen ausgebildet und erfuhr in Wetzlar vom Schicksal Karl Wilhelm Jerusalems.

⇨ S. 16 ff.
→ Parallel zur unglücklichen Liebe zwischen Werther und Lotte brechen die Widersprüche zwischen Aristokratie und Bürgertum auf, die sich in der vorrevolutionären Zeit von 1789 zuspitzten.

⇨ S. 25 ff.,
  S. 31 ff.
→ Goethe hatte Gedichte sowie 1771 das Schauspiel *Götz von Berlichingen* geschrieben und 1773 veröffentlicht; durch *Die Leiden des jungen Werthers* (1774) wurde er weltberühmt. 1787 erschien die zweite Fassung, an der Goethe seit 1782 gearbeitet hatte. Unter dem Titel *Die Leiden des jungen Werther* erschien erstmalig die Jubiläumsausgabe von 1824.

Im 3. Kapitel geht es um die Textanalyse und -interpretation.

Die Leiden des jungen Werther – Entstehung und Quellen:

⇨ S. 31 ff.
Der historische Werther war ein Jurist in Wetzlar; Vorbild war Goethes unglückliche Liebe zu Charlotte Buff und Maximiliane von La Roche.

4 REZEPTIONS- GESCHICHTE	5 MATERIALIEN	6 PRÜFUNGS- AUFGABEN

Inhalt:

Der Roman spielt 1771/72, zumeist in einer kleinen Beamtenstadt. Werther, ein Jurist, ist in Erbschaftsangelegenheiten unterwegs und verliebt sich dabei in Lotte, die bereits „vergeben" ist. Er erlebt Höhen und Tiefen, wird als Bürgerlicher durch Adlige sozial diskriminiert und begeht, um einer Verbindung der geliebten Frau mit ihrem Partner nicht im Weg zu stehen sowie aus Enttäuschung über die Erniedrigung, der er erfahren musste, Selbstmord.

⇨ S. 41 ff.

Aufbau:

Der Briefroman spielt 1772 als Gegenwartsroman. In seinem Ablauf ähnelt er einem Monolog; die letzten Texte stammen von einem fiktiven Herausgeber. Der Gliederung in zwei Bücher im Verhältnis 3 zu 4 stehen eine steigende und eine fallende Handlung gegenüber, gruppiert um den Brief vom 15. März 1772, die sich wie 1 zu 1 verhalten. Parallelhandlungen illustrieren die Haupthandlung.

⇨ S. 56 ff.

Personen:

Im Roman geht es um einen Dreieckskonflikt zwischen Werther, Lotte und Albert.

⇨ S. 63 ff.

→ Werther ist Jurist, der nach den Vorstellungen seiner Mutter und seines Freundes Wilhelm in den diplomatischen Dienst treten soll.
→ Lotte (Charlotte) ist die Tochter des Amtmanns und vertritt an ihren acht jüngeren Geschwistern die Mutterrolle. Sie ist mit Albert „so gut als verlobt" (HL S. 21/R S. 28).

DIE LEIDEN DES JUNGEN WERTHER

→ Albert ist Lotte von der Mutter versprochen und bereits im diplomatischen Dienst.

→ Wilhelm ist der Freund Werthers und Berater von Werthers Mutter.

Stil und Sprache im *Werther*:

⇨ S. 91 ff.

→ Werther verwendet die Sprache eines Stürmers und Drängers: leidenschaftlich, mit Interjektionen (Ausrufen), Inversionen (Umkehrung der Wortstellung) und imperativisch.

→ Diese Sprache wird in der zweiten Fassung geglättet; sprachliche Formen wie Oxymoron und Ellipse sorgen für einen ausdrucksstarken Stil.

→ Eine besondere Rolle spielt die Klimax.

Interpretationsansätze:

⇨ S. 94 ff.

→ Die Ablösung der feudalistischen Macht durch das Bürgertum steht im Vordergrund; sie wirkt sich auf die menschlichen Gefühle und Leidenschaften aus.

→ Die Literatur des Sturm und Drang stellte das Subjekt und seine Leidenschaften ins Zentrum und schuf damit eine geistige Ersatzbasis für die fehlende nationale, politische Grundlage.

→ Das wichtigste Anliegen der Stürmer und Dränger war, dem unverfälschten Lebensgefühl, der „Natur", neue Normen des Umgangs zu verschaffen.

| 4 REZEPTIONS- | 5 MATERIALIEN | 6 PRÜFUNGS- |
| GESCHICHTE | | AUFGABEN |

Rezeptionsgeschichte:

→ Der Roman wurde zur Sensation, zum ersten Bestseller der
deutschen Literatur und zum Ausgangspunkt zahlreicher Parodien, Fortsetzungen, Variationen und Auseinandersetzungen.

→ Die Vorbilder der Romanfiguren waren betroffen; Zeitgenossen warnten vor dem Nachahmungseffekt. Die schärfsten Angriffe kamen aus kirchlichen Kreisen.

→ Der Einfluss des Romans auf die Mode war groß; Verbote gab
es dennoch bis ins 19. Jahrhundert.

→ Moderne Beschäftigungen mit dem Roman finden sich fortwährend, so bei Thomas Mann, Ulrich Plenzdorf u. a.

⇨ S. 98 ff.

2.1 Biografie

2. JOHANN WOLFGANG VON GOETHE: LEBEN UND WERK

2.1 Biografie

J. W. von Goethe
(1749–1832)
© ullstein bild

JAHR	ORT	EREIGNIS	ALTER
1749	28. August Frankfurt am Main	Johann Wolfgang Goethe wird als Sohn des Kaiserlichen Rates Dr. jur. Johann Kaspar Goethe, Sohn eines Schneiders, und Katharina Elisabeth, geb. Textor, Tochter des Schultheißen, in Frankfurt am Main, im Haus „Zu den drei Leiern" am Großen Hirschgraben geboren. Die Familie ist wohlhabend; der Reichtum stammt vom Großvater.	
1750	Frankfurt am Main	Geburt von Goethes Schwester Cornelia Friederike Christiana	1
1753	Frankfurt am Main	Die Großmutter schenkt den Kindern zu Weihnachten ein Puppentheater.	
1759–1763		Während der französischen Besetzung Frankfurts besucht Goethe das französische Theater.	10–14
1765	Leipzig	Goethe studiert Jura, hört aber auch Vorlesungen zur Literatur und lernt Gellert sowie Gottsched kennen; Liebe zu Käthchen Schönkopf, der Tochter eines Zinngießers.	16
1768	Frankfurt am Main	Goethe kehrt nach einem Blutsturz krank nach Hause zurück. Er verkehrt im pietistischen Kreis der Susanna Katharina von Klettenberg und liest Wieland, Shakespeare u.a.	19

| 4 | REZEPTIONS-GESCHICHTE | 5 | MATERIALIEN | 6 | PRÜFUNGS-AUFGABEN |

2.1 Biografie

1770	Straßburg	Goethe setzt sein Jurastudium fort und schließt es als Lizentiat der Rechte ab, was ihm ermöglicht, als Advokat zugelassen zu werden. Er lernt Herder und Dichter des Sturm und Drang kennen (u. a. Lenz). Im Straßburger Kreis um Herder werden ihm Pindar, Homer, die englische Dichtung, voran Shakespeare und Ossian, Hamann und die Volkspoesie nahegebracht. Er begeistert sich für die Gotik des Straßburger Münsters.	21
	Sesenheim	Kurz vor dem 15. Oktober: Besuch bei Friederike Brion. Er verliebt sich in die Pfarrerstochter von Sesenheim; Mai bis Juni in Sesenheim; am 7. August Abschied ohne Erklärung.	21
1771	Straßburg	Frühling, Sommer: Goethe sammelt, Herders Anregung folgend, Volksballaden.	21
	Frankfurt am Main	Rückkehr nach Hause	
	Frankfurt am Main	Goethe hält seine berühmte Rede *Zum Schäkespears Tag*; Prozess gegen die Kindsmörderin Susanna Margaretha Brandt.	22
1772	Wetzlar	Goethe als Praktikant am Reichskammergericht – die Eintragung in die Liste der Rechtspraktikanten am 25. Mai ist der einzige Nachweis seiner Tätigkeit; er verliebt sich in Charlotte Buff, der er bei einem Ball am 9. Juni in Volpertshausen begegnet.	23

1 SCHNELLÜBERSICHT	2 J. W. V. GOETHE: LEBEN UND WERK	3 TEXTANALYSE UND -INTERPRETATION

2.1 Biografie

1772	Ehrenbreiten-stein	Goethe geht ohne Abschied aus Wetzlar fort, fährt am 11. September zu Maximiliane, der Tochter von Marie Sophie von La Roche, deren Roman *Geschichte des Fräuleins von Sternheim* (1771) Goethe beeinflusst.	23
	Frankfurt am Main	Rückkehr nach Hause; November: Der Selbstmord des juristischen Kollegen Jerusalem (30. Oktober 1772) geht in den Plan zum *Werther*-Roman ein.	23
1773	Wetzlar	Charlotte Buff und Kestner heiraten am 4. April.	23
1774	Frankfurt am Main	1. Februar: Beginn der Arbeit am *Werther*; Abschluss nach vier Wochen.	24
	Frankfurt am Main	Knebel vermittelt Goethes Bekanntschaft mit dem Erbprinzen Karl August von Sachsen-Weimar-Eisenach. Klopstock besucht ihn. Nach dem Erscheinen des Romans *Die Leiden des jungen Werthers* wird Goethe berühmt.	25
1775	Frankfurt am Main	Liebe und Verlobung mit Lili Schönemann; brieflich sich äußernde Liebe zur Gräfin Auguste von Stolberg.	26
	Schweiz	Erste Reise in die Schweiz mit den Grafen zu Stolberg und von Haugwitz; sie tragen Werther-Kleidung.	
	Frankfurt	Lenz besucht Goethes Freund Friedrich Maximilian Klinger, der mit dem Stück *Sturm und Drang* der Literaturepoche ihren Namen gab, in Frankfurt. Klinger reitet ihm in Werther-Kleidung entgegen.	26
	Weimar	Abreise am 30. Oktober, nachdem Karl August am 3. September die Regierung angetreten hat; Ankunft am 7. November.	26

| 4 REZEPTIONS-GESCHICHTE | 5 MATERIALIEN | 6 PRÜFUNGS-AUFGABEN |

2.1 Biografie

1776	Weimar	Geheimer Legationsrat mit Sitz und Stimme im Geheimen Conseil; tritt am 25. Juni in den Staatsdienst. Liebe zu Charlotte von Stein.	26
1777	Harz	Erste Harzreise, der 1783 bis 1789 weitere folgen.	28
1779	Weimar	Übernahme weiterer Aufgaben, u. a. Kriegskommission; er wird zum Geheimen Rat ernannt.	30
	Schweiz	zweite Reise	
1781	Weimar	naturwissenschaftliche Studien	32
1782	Weimar	Goethe wird geadelt; sein Vater stirbt.	33
1784	Weimar	Goethe findet den Zwischenkiefer-knochen beim Menschen.	35
1786	Karlsbad	Sommer in Karlsbad; heimlich flieht er von dort nach Italien und kommt am 29. Oktober in Rom an. Italienische Reise.	37
1787	Leipzig	*Leiden des jungen Werther*: Die zweite Fassung erscheint im ersten Band von *Goethes Schriften*.	38
1788	Weimar	Rückkehr; er lernt Christiane Vulpius kennen und lebt von nun an zum Entsetzen des Weimarer Adels mit ihr zusammen.	39
1789	Weimar	Goethes Sohn August wird geboren; er stirbt 1830 in Rom und wird dort beerdigt.	40
1790	Italien	Zwischen März und Juni die zweite Italienreise; nach Schlesien in Beglei-tung Karl Augusts, der als General in Preußens Diensten steht.	40

1 SCHNELLÜBERSICHT	2 J. W. V. GOETHE: LEBEN UND WERK	3 TEXTANALYSE UND -INTERPRETATION

2.1 Biografie

Jahr	Ort	Ereignis	Seite
1791	Weimar	Bis 1817 Direktor des Hoftheaters; Materialsammlung zur *Farbenlehre*.	42
1792	Frankreich	Bis 1793 Feldzug; Belagerung von Mainz.	43
1794	Weimar, Jena	Beginn der Freundschaft mit Schiller	45
1797	Schweiz	dritte Reise	48
1799	Weimar	Im Dezember siedelt Schiller von Jena nach Weimar über.	50
1803	Weimar	Friedrich Wilhelm Riemer wird Hauslehrer von Goethes Sohn und Goethes Sekretär. Er heiratet 1814 Christianes Gesellschafterin Caroline Ulrich, die seit 1809 in Goethes Haus wohnt und die der Dichter liebt.	55
1805		9. Mai: Tod Schillers; Freundschaft mit Zelter.	56
1806	Jena	14. Oktober: Schlacht bei Jena und Auerstädt; das Heilige Römische Reich Deutscher Nation geht unter. Die Franzosen plündern Weimar, Goethes Haus bleibt dank des Einsatzes von Christiane verschont. Am 19. Oktober lässt sich Goethe mit Christiane trauen.	57
1807	Weimar	Liebe zu Minna Herzlieb	58
1808	Weimar	Auf dem Fürstentag treffen Napoleon und Goethe zusammen und sprechen über den *Werther*.	59
1814	Rhein und Main	Reisen; Liebe zu Marianne von Willemer.	65

2.1 Biografie

1816	Weimar	6. Juni: Tod Christianes; 22. September: Charlotte Kestner, geb. Buff, in Weimar und am 25. September Wiedersehen mit Goethe (vgl. hierzu Thomas Mann *Lotte in Weimar*, 1939). Goethe liest nochmals den Werther.	67
1823	Weimar	Johann Peter Eckermann besucht Goethe. Er wird Mitarbeiter und Nachfolger Riemers. Reise nach Marienbad und Eger. Goethe verliebt sich in Ulrike von Levetzow.	74
1828	Weimar	Der Großherzog Karl August stirbt.	79
1832	Weimar	22. März: Tod Goethes in seinem 83. Lebensjahr.	82

2.2 Zeitgeschichtlicher Hintergrund

**ZUSAMMEN-
FASSUNG**

Die absolutistischen Staaten Europas befinden sich auf dem Höhepunkt ihrer Macht. Deutschland ist in Kleinstaaten zersplittert und dadurch wirtschaftlich rückständig. Es hat kein politisches, ökonomisches und kulturelles Zentrum, bietet aber kulturelle, philosophische und literarische Leistungen. In Deutschland wirken Aufklärung und Sturm und Drang mit geistigen sowie künstlerischen Leistungen nebeneinander, vertreten und verbreiten unterschiedliche Positionen.

Die Ablösung der politischen Feudalstruktur und eines orthodoxen Christentums durch eine auf Wissenschaft orientierte, bürgerliche Entwicklung beginnt mit der Abkehr von einem religiös-metaphysischen Weltbild und dem Vordringen aufklärerischen Denkens und der kritischen Vernunft. Von England aus beginnt die industrielle Revolution; 1771: Anfang des „Maschinenzeitalters".

Aristokratie und Bürgertum

Der Roman *Die Leiden des jungen Werther* entstand 1774; die Ereignisse, die ihm zugrunde liegen, ereigneten sich vom Mai bis zum Oktober 1772. Seine Handlung wurde von Goethe auf die Zeit vom 4. Mai 1771 bis zum 23. Dezember 1772 festgelegt. Er gehört zeitlich, inhaltlich und geistesgeschichtlich ins Vorfeld der Französischen Revolution von 1789 und die dadurch einsetzende Neuordnung Europas auf einer veränderten sozialen Grundlage.

Absolutismus

Die absolutistischen Staaten waren um 1770 auf dem Höhepunkt ihrer Macht und versuchten, diese zu verteidigen: In Preußen herrschte Friedrich II. (1712–1786); er hatte durch den Sie-

| 4 REZEPTIONS-GESCHICHTE | 5 MATERIALIEN | 6 PRÜFUNGS-AUFGABEN |

2.2 Zeitgeschichtlicher Hintergrund

benjährigen Krieg (1756–1763) Schlesien gewonnen. 1772 teilten Preußen, Österreich und Russland unter Katharina II. Polen unter sich auf. Preußen wurde zur europäischen Großmacht. Russland gewann unter Katharina II. (1729–1796) außenpolitisch an Bedeutung, hatte aber im Inneren mit Aufständen und vielfachem Widerstand zu kämpfen. Frankreich unter Ludwig XV. (1710–1774) war zwar innerlich zerrüttet, und 1770 hatte der Zorn auf die höfischen Zustände – Mätressenwesen und Finanzkrise – einen Höhepunkt erreicht, aber es war neben Großbritannien, das in dieser Zeit zur führenden Handels- und Kolonialmacht und zur Beherrscherin der Meere aufgestiegen war, die führende Macht Europas. Als man die amerikanischen Kolonien mit zusätzlichen Steuern belasten wollte, kam es zu Spannungen, die 1775 zum Krieg und zum Zerfall des Kolonialreiches führten.

Siebenjähriger Krieg

In Mecklenburg (1769) und Sachsen (1770) wurde die Folter abgeschafft. Das Heilige Römische Reich Deutscher Nation wurde seit 1765 von Kaiser Joseph II. geführt, einem aufklärerischen Reformer, der die Leibeigenschaft 1781 (Untertanenpatent) aufhob. Zwar war er bis zum Tod seiner Mutter Maria Theresia 1780 in seinem Wollen beschränkt, aber er versuchte, die Zentralmacht zu stärken und vor allem die Kirche in ihrer Macht einzuschränken. Staatsbeamte drängten adlige Privilegien zurück. In den führenden Ländern Europas stand einerseits die absolutistische Machtentfaltung auf dem Höhepunkt, andererseits vergrößerten sich die innenpolitischen und sozialen Spannungen, die durch Reformen nicht mehr gelöst werden konnten. Das waren erste Anzeichen für eine sich verändernde historische Situation, der Joseph II. gerecht zu werden versuchte.

Das aufkommende Bürgertum verunsicherte merklich die Aristokratie, eines der auffallenden Themen in Goethes Roman. Aus England und Frankreich drangen moderne Methoden der Bewirt-

Bürgertum

DIE LEIDEN DES JUNGEN WERTHER

2.2 Zeitgeschichtlicher Hintergrund

schaftung in die Landwirtschaft ein und verschärften die Widersprüche zwischen Landbevölkerung und feudalabsolutistischer Macht. Dadurch wurde die Aufmerksamkeit der Intellektuellen für die ländlichen Zustände erhöht.

Homer, Ossian, Shakespeare und Rousseau

Goethe war 24 Jahre, Jurist und bekannt geworden mit seinem ersten Stück *Götz von Berlichingen*. Der Roman ist ohne Goethes zeitgenössische Lektüre und den Einfluss Rousseaus und anderer nicht zu denken. Speziell wirkte sich Rousseaus Homerrezeption aus; er sah Homer als einen volkstümlichen Dichter. So las ihn Goethe, so liest ihn Werther. Als Goethe 1772 Robert Woods *Versuch über das Originalgenie des Homer* rezensierte, fasste er diesen Rezeptionsvorgang in einem Satz zusammen: „Wenn man das Originelle des Homer bewundern will, so muss man sich lebhaft überzeugen, wie er sich und der Mutter Natur alles zu danken gehabt habe."[1]

„Genie"

Leitbegriffe des Sturm und Drang – das Originalgenie und Mutter Natur – wurden auf Homer angewendet. Das Genie wurde zu der Zeit bestimmt als das höher als andere Menschen begabte Individuum, dessen geistige Kräfte weniger angelernt als natürlich entstanden sind und die zu „mehr Fruchtbarkeit des Geistes" (Johann Georg Sulzer) führen. Das Genie, überhöhend als „Originalgenie" bezeichnet, entwarf gegenüber dem Gelehrten und Wissenschaftler die Utopien; das Undenkbare wurde denkbar.

Der Begriff kam aus England, wo der Dichter Edward Young (1681–1765), der die künstlerische Gestaltung der Natur als echte Originalität bezeichnete, ihn als Beschreibung des unveräußerli-

---

1 Da die Rezension in *Der junge Goethe* nicht aufgenommen wurde, weil die Herausgeber sie nicht sicher Goethe zuschreiben wollten, wurde zurückgegriffen auf Goethe: *Sämtliche Werke*. Vollständige Ausgabe, mit Einleitungen von Karl Goedeke. Stuttgart: Verlag der J. G. Cotta'schen Buchhandlung, 1883, 13. Band, S. 280.

2.2 Zeitgeschichtlicher Hintergrund

chen Eigentums eines Autors geprägt hatte, das von der freien Entfaltung des Individuums ohne Rücksicht auf Regeln und Normen, aber bei Rücksicht auf alles Menschliche, besonders das aus dem Volke kommende Vermögen bestimmt wurde. Der Maßstab des Genies war die Natur; das bedeutete weniger eine Landschaft, sondern mehr ein Zustand außerhalb der Gesellschaft, die den Menschen beengte und verkümmern ließ. Den Protest angeregt hatte Rousseau; Natur hieß Selbstbestimmung des Menschen, geleitet von seinem natürlichen Gefühl. Natur war letztlich der Gegensatz zur absolutistischen Menschenverachtung.

„Natur"

Das waren programmatische Begriffe des Sturm und Drang, der an die Seite der Aufklärung getreten war und deren Verstandesbetonung durch Gefühlsintensität ergänzte. Dadurch erlebte Deutschland, politisch und wirtschaftlich zersplittert, landwirtschaftlich rückständig und ohne starke Zentralgewalt, eine kulturelle und wissenschaftliche Blütezeit. Da die deutsche Zersplitterung keine politischen Entwicklungen wie in Frankreich zuließ, konzentrierten sich die gesellschaftlichen Konzeptionen auf die Gebiete von Philosophie und Literatur. An Goethes Werther wird das erkennbar: Er eignet sich Literatur und Kunst in großem Umfang an, wird aber nicht zu einem wirklich handelnden Menschen, sondern bezieht seine Lebensprogramme aus den literarischen Beispielen, aus Homer und Ossian, denen er kontemplativ folgt, nicht aktiv. Es ist die Lebensform des Dilettanten. Der Begriff hatte zu Goethes Zeit nicht die heutige negative Bedeutung; Dilettant war der Kenner und Liebhaber der schönen Künste und bedeutete neben der Aufnahme von Kunst auch den Versuch, ein schöpferisches Verhältnis zur Kunst zu bekommen, ohne die handwerklichen Voraussetzungen zu haben und ohne Kunst für den Lebensunterhalt zu schaffen. Besonders wichtig wurde der Begriff für die Volkspoesie und Volkskunst. Dagegen galt der Dilettantismus in höheren Kreisen,

„Dilettant"

2.2 Zeitgeschichtlicher Hintergrund

begünstigt durch materiellen Besitz, als kritikwürdig, weil er dem Subjektivismus Tür und Tor öffnete. Zum Schwerpunkt der Diskussion wurde das Problem allerdings erst um 1799; Werther war ein treffendes Beispiel für die positiven und negativen Seiten des Dilettantismus. Der Dilettant war die vom Schöpferischen befreite und insgesamt reduzierte Form des Originalgenies.

Die Zusammenstellung von Homer und Ossian konnte Goethe bei Herder finden, der in seinem Aufsatz *Auszug aus einem Briefwechsel über Ossian und die Lieder alter Völker* beide Dichter dem „Geist der Natur"[2] verpflichtet sah, obwohl bereits Herder von den Vermutungen wusste, dass es sich bei den Liedern Ossians um eine Fälschung handelte. Das war allerdings nebensächlich, denn diese Dichtungen waren keineswegs alte Volkspoesien, sondern sie waren so, wie man sich alte Volksdichtungen vorstellte und spiegelten die Empfindsamkeit und Wehmut der Zeit.

Epoche des
Sturm und Drang

Der Sturm und Drang begann in den sechziger Jahren und wird gemeinhin bis 1786 datiert, Goethes Aufbruch nach Italien, wo er sich an klassischer Kunst zu orientieren begann. Den Namen gab der Bewegung ein Schauspiel Friedrich Maximilian Klingers (1752–1831), dessen Titel *Der Wirrwarr* (1776) vom Mitstreiter Christoph Kaufmann (1753–1795) in *Sturm und Drang* geändert wurde. War der kritische Verstand ein Merkmal der Aufklärung, so trat an dessen Stelle im Sturm und Drang das Genie.

Für die Dichter des Sturm und Drang wurde Shakespeare der Inbegriff des Originalgenies. Sie erstrebten unter Berufung auf ihn ein natürliches Leben für alle Menschen, orientierten sich an den einfachen Menschen vom Land, den Kindern, einfach lebenden Frauen und Handwerkern, und widmeten sich deren künstleri-

---

2 Johann Gottfried Herder: *Werke*, hrsg. von Theodor Matthias. Leipzig und Wien: Bibliographisches Institut, 1. Band, S. 40.

| 4 REZEPTIONS-GESCHICHTE | 5 MATERIALIEN | 6 PRÜFUNGS-AUFGABEN |

2.2 Zeitgeschichtlicher Hintergrund

schen Interessen. Auch dafür hatte Herder den Weg gewiesen: In seinem *Ossian*-Aufsatz sah er bei Kindern, Frauen und Leuten „von gutem Naturverstande (…) die besten Redner unsrer Zeit"[3], weil sie mehr durch Tätigkeit als durch Spekulation geprägt würden.

War Shakespeare die Personifikation des Poetischen für die Stürmer und Dränger, so bot Jean Jacques Rousseau (1712–1778) die gesellschaftstheoretische und pädagogische Orientierung: Eine Gesellschaft war nach ihm so gut wie der Naturzustand, in dem sie lebt. Deshalb gab er die oft satirisch verwendete Losung aus: „Zurück zur Natur!" Die Umsetzung des „Genies" aus dem Künstlerischen ins sozial Alltägliche war der „Selbsthelfer", der sich mit nationalen Zielstellungen der Souveränität verband. Goethe hatte das Beispiel in der Lebensbeschreibung des Götz von Berlichingen gefunden: „Die Gestalt eines rohen, wohlmeinenden Selbsthelfers in wilder, anarchischer Zeit erregte meinen tiefsten Anteil."[4] Den seit dieser Umbruchszeit entstandenen und inzwischen deutlich vorhandenen Widerspruch zwischen Aristokratie und Bürgern hatte Goethe in den *Werther* aufgenommen; es waren die „Unannehmlichkeiten an der Grenze zweier bestimmten Verhältnisse"[5].

Rousseau

Junge Menschen, der Kreis um Herder, dem auch Goethe angehört hatte, begeisterten sich für schauerliche Stimmungen; Tod und Grab wurden ersehnt. Shakespeares *Hamlet* mit seiner Neigung zu Sterben und Wahnsinn hatte daran ebenso Anteil wie die *Gesänge des Ossian*, die als uralte Heldengesänge gelesen wurden. Goethe lernte sie durch Herder kennen. Der Lehrer James Macpherson (1736–1796) hatte Balladen und Heldengesänge geschrieben, die er 1761 bis 1765 als Übersetzungen alter gälischer

Schauer, Tod und Grab

---

3 Ebd., S. 43.
4 Goethe: *Aus meinem Leben. Dichtung und Wahrheit*, BA 13, S. 446.
5 Ebd., S. 763.

2.2 Zeitgeschichtlicher Hintergrund

Lieder ausgab, für deren Verfasser man den Barden Ossian hielt. In den Liedern gab es wenig Handlung; sie spielten auf dem baumlosen schottischen Hochland „in dampfenden Nebeln", es gab viel Gefühl, Schmerz, Leiden und Untergang. Die Klopstock-Anhänger des „Göttinger Hains" kamen im Mondschein zusammen – Werther trifft sich mit Albert und Lotte in einer ähnlichen Situation (vgl. HL S. 48/R S. 67 ff.) – und trugen ihre Gedichte in ein schwarz gebundenes Bundesbuch ein. Einer davon war in Wetzlar mit Goethe befreundet und machte ihn mit Kestner bekannt: der Sekretär der sachsen-gothaischen Gesandtschaft Friedrich Wilhelm Gotter (1746–1797).[6]

Todessehnsucht

Goethes Roman nahm Zeitgefühle auf. Die Todessehnsucht entstand aus dem Ekel vor einem sinnlosen Leben. „Überdruss am rhythmischen Einerlei des Lebens" nannte das Thomas Mann mit dem Blick auf die Werther-Generation.[7] Er hätte auch Goethe zitieren können, der in *Dichtung und Wahrheit* im Zusammenhang mit den *Wertherischen Briefen* ausführlich über den „Ekel vor dem Leben" berichtet und Beispiele gibt, wie das Leben durch seine Alltagsverrichtungen zur Last wird und im Selbstmord endet.[8] Werther wird das bewusst, als er in festen Diensten steht: „Ich weiß nicht recht, warum ich aufstehe, warum ich schlafen gehe." (HL S. 55/R S. 78) Das Grundgefühl der aufbrechenden, aufbegehrenden Generation wiederholt sich in den nächsten Jahrzehnten bei den nächsten Generationen, so fast wörtlich 1836 (entstanden 1835) in Georg Büchners *Dantons Tod* (2. Akt, Beginn). Goethe

---

6 Kestner an Hennings im Herbst 1772: „Einer der vornehmsten unsrer schönen Geister, Sekretär Gotter, beredete mich einst, nach Garbenheim (...) zu gehen. Daselbst fand ich ihn [= Goethe] im Grase unter einem Baum auf dem Rücken liegen." Bode, Bd. 1, S. 36.

7 Thomas Mann: Goethes *Werther*. In: Thomas Mann: *Altes und Neues. Kleine Prosa aus fünf Jahrzehnten*. Berlin und Weimar: Aufbau Verlag 1965, S. 229. Auch in: *Goethe im zwanzigsten Jahrhundert*. Hg. von Hans Mayer. Frankfurt am Main: Insel-Verlag 1987.

8 *Dichtung und Wahrheit*, BA 13, S. 621.

| 4 REZEPTIONS-GESCHICHTE | 5 MATERIALIEN | 6 PRÜFUNGS-AUFGABEN |

2.2 Zeitgeschichtlicher Hintergrund

leidet einerseits wie sein Werther und hat auch so gelitten, andererseits werden diese Leiden Werthers aber auch „kritisch interpretiert"[9], hinterfragt. Goethe distanziert sich im Roman, vor allem durch den Bericht des Herausgebers, von einer Entwicklung, die auch als „Krankengeschichte"[10] gelesen werden kann. Krankheit aber war weder Goethes Thema noch konnte er mit Krankheit und Tod persönlich umgehen; er entzog sich in solchen Fällen den Vorgängen und nahm etwa an keinen Begräbnissen teil.

Goethes Roman *Die Leiden des jungen Werther* ist trotz mancher Einwände[11] eine Liebesgeschichte. Goethe hatte im Frühjahr 1772 im Kreise von Merck in Darmstadt freundlich-heitere Tage mit schönen Frauen gehabt, darunter waren Henriette von Roussillon, der er als „Urania" das Gedicht *Elysium* widmete, und Louise von Ziegler, der als Lila *Pilgers Morgenlied* zugedacht wurde. Beiden setzte er im *Werther* ein Denkmal: Henriette von Roussillon als „Freundin meiner Jugend" (HL S. 9/R S. 11), sie war 1773 gestorben, und Louise von Ziegler als Fräulein von B. (HL S. 54/R S. 76). Begriffe wie „Freund" und „Freundin" hatten zu jener Zeit einen besonderen Inhalt: Von ihnen erwartete der Befreundete Lebenshilfe und Handlungsempfehlungen. Goethe hatte mehrere Freundinnen dieser Art; Susanne Katharina von Klettenberg gehörte dazu, einige Jahre später die Gräfin Auguste von Stolberg.

Liebesroman

Die arkadische Zeit in Darmstadt im Februar/März 1772 im Kreis der „Gemeinschaft der Heiligen", wo man Klopstock und Rousseau als Vorbilder eines schwärmerischen Freundeskreises gewählt hatte und in dem auch Luise von Ziegler, Henriette von Roussillon und Herders Braut Caroline Flachsland waren, wurde

---

9   Mayer, S. 160.
10 Ebd.
11 Boyle schreibt, es sei „zunächst einmal keine Liebesgeschichte. Es ist die Geschichte einer Selbstzerstörung eines fühlenden Herzens, einer empfindsamen Seele." 1. Band, S. 204.

2.2 Zeitgeschichtlicher Hintergrund

konfrontiert mit dem Wunsch des Vaters, Goethe möchte in Wetzlar am Reichskammergericht, dem obersten zivilen Gericht im Heiligen Römischen Reich Deutscher Nation, Kenntnisse für den höheren Justiz- und Staatsdienst erwerben. Caroline Flachsland, beteiligt an den arkadischen Lustbarkeiten, schrieb am 25. Mai 1772 an ihren zukünftigen Mann Herder, nachdem Goethe sich am 23. Mai 1772 in Wetzlar in die Matrikel des Reichskammergerichts eingetragen hatte: „Jetzt sitzt er in Wetzlar, einsam, öde und leer"[12]. Goethe genoss die Ungebundenheit in ländlicher Umgebung und mit schönen Mädchen; die arkadische Situation aus Darmstadt setzte sich fort. Besonders faszinierte ihn Charlotte Buff. Dabei ist zwischen den schnell wechselnden Leidenschaften bei Goethe und der tödlichen Liebe seines Werthers zu unterscheiden. Goethe hatte sich im August 1771 von Friederike Brion getrennt, verließ im September 1772 Lotte Buff und verliebte sich wenige Tage später in Maximiliane La Roche. Noch 1774 schrieb er am gleichen Tag an Lotte, er rede mit ihrem Schatten, und an Sophie von La Roche, Maximiliane nicht mehr zu sehen, sei ein Opfer. Er kommentierte das: „Es ist eine sehr angenehme Empfindung, wenn sich eine neue Leidenschaft in uns zu regen anfängt, ehe die alte noch ganz verklungen ist."[13] Was Goethe erlebte, wurde zur Dichtung. Es war auch umgekehrt: Was er dichtete, inszenierte er in seinem Leben.

---

12 Bode, Band 1, S. 27.
13 *Dichtung und Wahrheit*, BA 13, S. 604.

2.3 Angaben und Erläuterungen zu wesentlichen Werken

ZUSAMMEN-FASSUNG

Goethe schrieb den Roman *Die Leiden des jungen Werther* in kurzer Zeit nieder. Er entsprach einer Zeitsituation, die sich als Gefühlsleidenschaft und Geniekult des Sturm und Drang in verschiedenen Werken – Sesenheimer Lyrik, Singspielen – niederschlug.

Geschlechterbeziehungen waren ein favorisiertes Thema des jungen Goethe, auch in *Stella* und neben anderem in *Götz von Berlichingen*.

Die sozial-gesellschaftlichen Spannungen, besonders zwischen Aristokratie und Bürgertum, drangen neben der persönlichen Erfahrung in die Werke ein.

Das Thema des Genies und der Liebe, die keine Standesschranken kennt, beschäftigte Goethe lebenslang (*Torquato Tasso, An Werther*).

Die Gefühlsleidenschaft findet sich in der Sesenheimer Lyrik, die schon auf die Naturbeschreibungen des Romans verweist. Ein Beispiel:

MAILIED (1771)	WERTHERS BRIEF VOM 10. MAI (1771)
Im Blütendampfe Die volle Welt	das liebe Tal um mich dampft die Welt um mich her

| 1 SCHNELLÜBERSICHT | 2 J. W. V. GOETHE: LEBEN UND WERK | 3 TEXTANALYSE UND -INTERPRETATION |

2.3   Angaben und Erläuterungen zu wesentlichen Werken

→ *Gedichte von einem polnischen Juden* (1772)[14]: In der Rezension beschreibt Goethe allem Anschein nach erstmals seine Begegnung mit Charlotte Buff, wenn dem Jüngling „auf seiner Wallfahrt" ein Mädchen gewünscht wird, das Güte und Anmut sein sollte, „sich in stillem Familienkreis häuslicher tätiger Liebe glücklich entfaltet hat", „die zweite Mutter ihres Hauses ist" usw. Vom „Genius", einem poetischen Leitbild und Leitbegriff des Sturm und Drang, der als „Genius"[15] der Poesie zu einer säkularisierten Götterwelt gehörte, wünschte er: „Lass die beiden sich finden; beim ersten Nahen werden sie dunkel und mächtig ahnden, was jedes für einen Inbegriff von Glückseligkeit in dem andern ergreift, werden nimmer voneinander lassen."[16]

→ *Götz von Berlichingen mit der eisernen Hand*: Das Schauspiel (1773) war in einer ersten Fassung schon 1771 erschienen. Bereits hier konfrontiert Goethe die bürgerlich erscheinenden Lebensverhältnisse auf Götzens Burg mit der aufwändigen, feudalen Hofführung des Bischofs in Bamberg. Bereits hier zeigt Goethe ein auffallend großes Interesse für bäuerliche Lebensumstände und ihre Auswirkungen auf die gesellschaftlichen Widersprüche. Mit seinem Aufbegehren gegen die Gesellschaft war Götz die Personifikation eines „Selbsthelfers".

→ *Stella:* Entstanden 1775; zuerst „ein Schauspiel für Liebende", nach der Umarbeitung 1803 ein Trauerspiel, stammt aus dem *Werther*-Umfeld, „freilich in der unerfreulichsten Weise", und widmet sich unglücklicher Liebesleidenschaft, die aber glück-

---

14 *„Gedichte von einem polnischen Juden"*. In: BA 17, S. 225. Vgl. dazu auch Reuter, S. 87.
15 Mehrfach von Goethe verwendet, im Zusammenhang mit dem *Werther*-Roman für die schnelle Verarbeitung des Gegenstands verantwortlich gemacht. Vgl. Goethe: *Aus meinem Leben. Dichtung und Wahrheit*, BA, Bd. 13, S. 582.
16 BA 13, S. 225.

lich endet. Das Stück ist deshalb „ein verzerrter Werther" genannt worden[17].Statt einer tragischen Lösung, aus der Dreiecksbeziehung Werther-Albert-Lotte scheidet Werther durch den Freitod aus, wird der Konflikt einer Ehe zu dritt heiter und versöhnend gelöst: Zwei Frauen sind Gattin des geliebten Mannes. Nach der Uraufführung in Hamburg (8. Februar 1776) schlug Goethe Empörung entgegen; der Hauptpastor Johann Melchior Goeze, der knapp zwei Jahre später auch gegen Lessing kämpfte, sah in dem Stück die Huldigung des Lasters: Ein „Hurer und Ehebrecher" nehme seine Frau wieder an und bekomme „die – – Hure dazu"[18]. Er hatte ein Jahr zuvor jedoch auch Goethes *Werther* schon in ähnlicher Weise verurteilt, weil er gegen das Wort des Herrn stehe; wer ein Weib ansehe und seiner begehre, „der hat schon die Ehe mit ihr gebrochen", und dem Leser deshalb bei dem Roman „notwendig das Herz bluten[19]" müsse. 1803 schrieb Goethe das Stück aus der heiteren Utopie zum Trauerspiel um: Zwei der drei sterben, darunter Fernando, der zu Goethes kämpferisch schwachen Männern in die Reihe der Weislingen und Werther gehört; zurück bleibt die leidgeprüfte Gattin.

→ *Claudine von Villa Bella* (1775): Ein Singspiel; es stammt ebenfalls aus diesem Umfeld. Claudine ist, wie Lotte, umworben, Pedro ist Albert, und der edle Vagant Crugantino ist Werther. Die beiden Werber sind, wie sich herausstellt, Brüder. In der zweiten Fassung wird das Problem trivial gelöst: Jeder Bruder bekommt eine Frau.

---

17 Vgl. Hettner, Band 2, S. 131.
18 Der junge Goethe, Band 1, S. 760: Goeze in den „Freywilligen Beyträgen zu den Hamburger Nachrichten aus dem Reiche der Gelehrsamkeit" am 23. Februar 1776.
19 Goeze in den „Freywilligen Beyträgen zu den Hamburger Nachrichten aus dem Reiche der Gelehrsamkeit" am 4. und 7. April 1775; vgl. Rothmann, S. 138.

2.3 Angaben und Erläuterungen zu wesentlichen Werken

→ *Hanswursts Hochzeit oder der Lauf der Welt* (1774/1775) heißt eine Fragment gebliebene Farce, die parallel zum *Werther* entstanden ist. Es ist eine Art derb-sinnliche Gegenreaktion zur Empfindsamkeit des *Werther*. Es geht in einem Paralipomenon unter Berufung auf Werther obszön und drastisch zu:
„Mir ist das liebe Wertherische Blut/Immer zu einem Probierhengst gut./Den lass ich mit meinem Weib [auf und ab] spazieren,/Vor ihren Augen sich abbranlieren[20],/Und hintendrein komm ich bei Nacht/Und vögle sie, dass alles kracht./Sie schwaumelt oben in höhern Sphären,/Lässt sich unten mit Marks der Erde nähren./Das gibt Jungens leibselig brav,/Allein macht ich wohl ein schweinisch Schaf."[21]

→ *Der Triumph der Empfindsamkeit* (1778/1779): In dieser *Dramatischen Grille* spottet Goethe über das Werther-Fieber, die empfindsame Naturverehrung. *Die neue Héloise* und *Die Leiden des jungen Werthers* erscheinen als „Grundsuppe" aller „Empfindsamkeiten", die man am bestem vor den Kindern verbirgt[22].

→ *Das Neueste von Plundersweilern* (1781): Im „Scherzbild" der deutschen Literatur erscheint in einem Zug literarischer Gestalten ein „junger Herr" (Goethe) mit Werthers „Leichnam auf scinem Rücken", gefolgt von den vom Werther-Fieber betroffenen „Junggesellen" und „Jungfrauen". „Da fing's entsetzlich an zu rumoren/Unter Klugen, Weisen und Toren." Goethe aber wünschte „weit davon zu sein"[23].

---

20 abbranlieren = wackeln, nutzlos erregen, onanieren; schwaumeln = Zusammenziehung von *schwanken* und *taumeln*.
21 *Paralipomena*. In: BA Bd. 5, S. 493 und 687.
22 *Der Triumph der Empfindsamkeit*. In: BA 5, S. 381.
23 *Das Neueste von Plundersweilern* (1781). In: BA 5, S. 437 f.

| 4 REZEPTIONS-GESCHICHTE | 5 MATERIALIEN | 6 PRÜFUNGS-AUFGABEN |

2.3   Angaben und Erläuterungen zu wesentlichen Werken

→ *Torquato Tasso* (1789) wirkt wie eine Weiterführung Werthers: Auch Tasso möchte leben, wie es gefällt. Als in der französischen Zeitschrift „Le Globe" 1826 Jean-Jacques Ampère, Sohn des bekannten Physikers, „den Tasso einen gesteigerten Werther" nannte, bezeichnete das Goethe als „sehr treffend"[24].

→ *Briefe aus der Schweiz. Werthers Reise* (Fragment, 1796): Das Vorwort behauptet, man habe die Briefe „unter Werthers Papieren gefunden"[25]; Werther sei vor der Bekanntschaft mit Lotte in der Schweiz gewesen. Die Briefe sind enthusiastisch wie die Werthers, aber geordneter und vernünftiger als diese. Kunstbetrachtungen gehört eine größere Aufmerksamkeit. Eine Entkleidungs- und Nacktszene – dieser Werther will anatomische Studien treiben – weist mehr Ähnlichkeiten mit Romanen des 19. Jahrhunderts als mit denen des Sturm und Drang auf. Als die DEFA 1976 ihren *Werther*-Film drehte (Szenarium: Helga Schütz), ging die Handlung davon aus, dass der Begegnung mit Lotte Werthers Aufenthalt in der Schweiz, gemeinsam mit Wilhelm, vorausging.

→ *An Werther* (1824): Statt einer vom Verleger gewünschten Vorrede zur Jubiläumsausgabe schrieb Goethe dieses Gedicht, das erste Gedicht der *Trilogie der Leidenschaft*. Goethes Titelheld und sein Schöpfer treten einander gegenüber, Werther erscheint wie ein früh verstorbener Freund. Der alte Dichter hat trotz der Länge seines Lebens nicht viel mehr aufzuweisen als der früh Verstorbene: „Gingst du voran – und hast nicht viel verloren." Er kann aber auf eine paradoxe Umkehrung verweisen: Werther starb, um den Tod zu meiden, „den das Scheiden bringt"; der Dichter blieb am Leben, um solchen Tod

---

24   Eckermann, S. 323; vgl. auch Hans Mayer: *Goethe*. Leipzig: Reclam, 1987, S. 19.
25   Goethe: *Briefe aus der Schweiz. Erste Abteilung*. In: BA, Band 12, S. 478.

immer wieder zu besingen: „Verstrickt in solche Qualen, halb
verschuldet,/Geb ihm ein Gott zu sagen, was er duldet."[26] Der
letzte Vers ist eine Variation aus dem Schluss des *Tasso*: „Und
wenn der Mensch in seiner Qual verstummt,/Gab mir ein Gott,
zu sagen, wie ich leide." (*Torquato Tasso,* Vers 3432 f.), den
Goethe variiert („was ich leide") und dem zweiten Gedicht der
Trilogie *Elegie* als Motto voranstellte.

---

26 BA 9, S. 251.

3. TEXTANALYSE UND -INTERPRETATION

3.1 Entstehung und Quellen

ZUSAMMEN-FASSUNG

1772	Plan, kurzfristige Entstehungszeit
	Drei Hauptthemen (Liebe zu Charlotte Buff und Maximiliane von La Roche, Selbstmord Jerusalems) sowie zahlreiche biografische Einzelvorgänge werden im Roman verarbeitet.
	Briefroman: literarische Beziehungen von Samuel Richardsons *Clarissa* (1747–1748), ihm folgend Rousseaus *Julie oder Die Neue Héloise* (1761) und anderen bis zu J. M. R. Lenz.
1774	Erscheinen der ersten Fassung
1782	Beginn der Überarbeitung
1787	Erscheinen der zweiten Fassung

Den ersten Plan hatte Goethe schon im Herbst 1772[27]. Anonym erschien der Roman 1774 in zwei Teilen unter dem Titel *Die Leiden des jungen Werthers* in Leipzig. Der Roman war in kurzer Zeit entstanden, von vier Wochen spricht Goethe[28]. Knebel schrieb an Bertuch im Dezember 1774, Goethe habe zwei Monate daran geschrieben und „keine ganze Zeile darin ausgestrichen"[29]. Auslösendes Moment war Jerusalems Tod, der Goethe verdeutlichte,

---

[27] In Goethes *Schemata zur Biografie* (1809) vermerkt er „Lotte. Werther" unter 1771, ein Irrtum, da er Lotte zu dem Zeitpunkt nicht kannte, den Werther nochmals 1772. Vgl. BA 13, S. 851 und Reuter, S. 87–92.
[28] BA Band 13, S. 631.
[29] *Der junge Goethe*, Band 2, S. 539.

3.1 Entstehung und Quellen

Titelbild der Erstausgabe von 1774
© ullstein bild – Granger Collection

wie ähnlich ihre Beziehungen zu Frauen und Erfahrungen mit Standesunterschieden waren und wie unterschiedlich sie darauf reagiert hatten. Über die Entstehung hat Goethe in seiner Autobiografie *Aus meinem Leben. Dichtung und Wahrheit* Auskunft gegeben: Im 12. Buch über sein Verhältnis zu den Kestners und Jerusalem, im 13. über die Entstehung des Romans. Die später geschriebenen Erinnerungen über seine Zeit vor seiner Ankunft in Weimar 1775 sind allerdings keine sichere Auskunft, es ist – wie meist bei Autobiografien – eine Wunschbiografie.

In den Roman gingen Erlebnisse Goethes von 1772 ein; „das Ganze schoss von allen Seiten zusammen"[30] bekannte Goethe in seiner Autobiografie und ging auf die drei dominierenden Themen des Romans, die aus eigenen Erlebnissen stammten, ausführlich ein:

→ Die Leidenschaft zu Charlotte Buff, der schönen Tochter des Amtmanns zu Wetzlar und Freundin (Verlobte) von Goethes Bekanntem Johann Georg Christian Kestner[31]. Goethe hatte sie am 9. Juni 1772 bei einem Ball in Volpertshausen kennengelernt. Es begann eine enge, spannungsvolle Beziehung zu ihr und Kestner. Als Goethes Beziehung dem jungen Paar gefährlich wird, verlässt Goethe Wetzlar. Er ist gegangen, als

---

30 Goethe: *Aus meinem Leben. Dichtung und Wahrheit*, BA, Band 13, S. 629.
31 Goethe nennt sie Kestners Verlobte; Kestner dementiert das mehrfach entschieden und wünscht bei der Überarbeitung des Romans eine entsprechende Änderung, die Goethe aber nicht vornimmt. Am Kammergericht nannte man Kestner „den Bräutigam" (BA 13, S. 583). Wenn Kestner eine Richtigstellung versucht, entspricht das den Zeitbedingungen: Eine ausgesprochene Verlobung war ein juristisch einklagbares Eheversprechen. Vgl. dazu die für die Goethe-Zeit aufschlussreiche Untersuchung von Eckhardt Meyer-Krentler: *Die verkaufte Braut*. In: Lessing Yearbook. Wayne State University Press, 1984, S. 95–123, besonders S. 99 und 108.

3.1 Entstehung und Quellen

„er spürt, dass der Freund Kestner womöglich bescheiden zurücktreten und ihm die Bahn freimachen könnte! Das will er gewiss nicht."[32] Lotte und Kestner heirateten am 4. April 1773. Thomas Mann griff auf die Liebesgeschichte in seinem Roman *Lotte in Weimar* zurück. Die Beschreibungen entsprechen oft den Berichten der Zeitgenossen, besonders den Darstellungen Kestners[33], und auch den örtlichen Gegebenheiten. Kestner beschreibt Lotte als Frau mit blauen Augen; Goethes Lotte aber hat „schwarze(n) Augen" (HL S. 30/R S. 42), wie Maximiliane von La Roche.

→ Im September 1772 verließ Goethe ohne Abschied Wetzlar und besuchte auf dem Heimweg nach Frankfurt die Familie La Roche. Dort verliebte er sich in die sechzehnjährige Maximiliane von La Roche, die spätere Mutter von Bettina und Clemens Brentano. Am 9. Januar 1774 heiratet der Kaufmann Peter Anton Brentano in zweiter Ehe Maximiliane; Goethe war für kurze Zeit häufiger Gast im Haus und wurde der Vertraute der verunsicherten jungen Ehefrau, die plötzlich für einige Stiefkinder verantwortlich war. Schließlich verbot ihm der Ehemann das Haus.

→ Der Selbstmord des Legationssekretärs Karl Wilhelm Jerusalem, der sich in der Nacht vom 29. zum 30. Oktober 1772 erschoss, ist auslösender Vorgang. Goethe kannte ihn seit 1765 aus Leipzig, traf ihn in Wetzlar wieder und saß mit ihm an der Mittagstafel, an der man sich mit den Namen alter Ritter anredete, in der er „Götz", Jerusalem „Masuren" hieß[34]. Die Beziehung zwischen Goethe und Jerusalem war wenig auf-

K. W. Jerusalem

---

32 Friedenthal, S. 145.
33 Vgl. Rothmann, S. 86 ff. und *Der junge Goethe*, Band 2, S. 541 ff.
34 Ein Freund aus Wetzlar, August Siegfried von Goué (1742–1789), schrieb ein Stück in der Nachfolge des *Werther* mit dem Titel *Masuren oder der junge Werther* (1775).

3.1 Entstehung und Quellen

wändig; sie begegneten sich, besuchten aber einander nicht. Jerusalem beurteilte Goethe unfreundlich; während ihrer gemeinsamen Leipziger Zeit sei er ein „Geck" gewesen und nun „außerdem Frankfurter Zeitungsschreiber"[35], womit Jerusalem abfällig auf Goethes Rezensionstätigkeit 1772 in den „Frankfurter Gelehrten Anzeigen", einer programmatischen Zeitschrift der Stürmer und Dränger, anspielte. Sein Schicksal bot das Handlungsgerüst, ein Abbild Jerusalems ist teilweise ein Zerrbild: Dem bürgerlichen Jerusalem wurde zu Beginn seines Aufenthalts der Zutritt zu einer Adelsgesellschaft verwehrt, er hatte Ärger mit seinem Gesandten und sich unglücklich in die Frau des Gesandtschaftssekretärs Philipp Jakob Herd (1735–1809) verliebt. So war ihm der Aufenthalt in Wetzlar verleidet; er hasste diesen Ort. Kestner gab Goethe Bericht vom Schicksal Jerusalems. Die letzten Worte des Romans stammen daraus: „(...) kein Geistlicher hat ihn begleitet."[36] Den Selbstmord als Mittel der Konfliktlösung zu gestalten war ein Tabubruch.

Dass der Selbstmord auch für Goethe bedenkenswert wurde, hat er im Zusammenhang mit dem Roman bestätigt. Am 3. Dezember 1812 schrieb er an seinen Freund Zelter, dass es ihn Anstrengungen gekostet habe, „damals den Wellen des Todes zu entkommen"[37].

Diese drei Vorgänge wurden den Zeitgenossen schnell als Material bekannt. Andere Einflüsse kamen hinzu; so hat bei Albert auch Johann Georg Schlosser, seit 1773 Goethes Schwager, Pate

---

35 Jerusalem an Eschenburg am 18. Juli 1772. Bode, Band 1, S. 29.
36 Vgl. Rothmann, S. 105.
37 Vgl. Eissler, Band 2, S. 830.

gestanden. Kestner machte kein Geheimnis daraus, dass im ersten Teil Szenen direkt von Goethe, ihm und Charlotte stammten. Der zweite Teil dagegen sei das Schicksal Jerusalems; hinter Albert stehe in diesem Teil der Gesandtschaftssekretär Herd, in dessen Frau sich Jerusalem verliebt habe.

Goethes Bild von Werther wurde vom Bild des Schwärmers und Liebesverwirrten bezogen. Lessing zürnte über dieses Bild von Jerusalem. Dessen Charakter wäre verfehlt, er sei kein empfindsamer Narr, „sondern ein wahrer nachdenkender Philosoph"[38] gewesen. Der Zorn Lessings traf Goethes Roman: „Solche klein-große, verächtlich schätzbare Originale hervorzubringen, war nur der christlichen Erziehung vorbehalten", und er forderte in seinem Brief an Eschenburg Goethe auf: „Also, lieber Göthe, noch ein Kapitelchen zum Schlusse; und je cynischer je besser!"[39] Der Dramatiker Christian Felix Weiße (1726–1804) rechnete Lessing, der ein Drama *Werther, der Bessere* plante, von dem nur ein Bruchstück überliefert ist, zu Goethes Feinden.[40] Lessing sagte über Nicolais Parodie des *Werther*, dass sie nicht besser als Goethes Roman, „doch klüger" sei[41]. Er, der mit Jerusalem befreundet war, entschloss sich, fünf *Philosophische Aufsätze* (1776) Jerusalems mit einem eigenen Vorwort zu veröffentlichen, um das Bild des Freundes gegenüber dem Roman Goethes zu korrigieren. Er beschrieb Jerusalem als Menschen mit einer besonders ausgeprägten Neigung nach Erkenntnis, „mit der sich alle guten Neigungen so wohl

Lessings Kritik

---

38 Brief vom 4. März 1775 von Weisse. In: Bode, Band 1, S. 107.
39 Lessing an Eschenburg am 26. 10. 1774. In: Hugh Barr Nisbet: *Lessing. Eine Biographie*. München: C. H. Beck, 2008, S. 685.
40 Bode, Band 1, S. 124.
41 Lessing an Christoph Martin Wieland am 8. 2. 1775. In: Gotthold Ephraim Lessing: *Gesammelte Werke in zehn Bänden*. Hg. von Paul Rilla, Berlin: Aufbau Verlag, 1957, 9. Band, S. 630.

| 1 SCHNELLÜBERSICHT | 2 J. W. V. GOETHE: LEBEN UND WERK | 3 TEXTANALYSE UND -INTERPRETATION |

3.1 Entstehung und Quellen

vertragen" und bescheinigte ihm „das Talent, die Wahrheit bis in ihre letzte Schlupfwinkel zu verfolgen."[42]

Die Handlung insgesamt stammte aus Goethes Streben nach bürgerlicher Selbstverwirklichung und der Liebe zu Charlotte Buff; einzelne Episoden wurden aus unterschiedlichen Lebensläufen genommen:

Erstes Buch	Zweites Buch
Bevorzugte Lektüre Werthers: Homer	Bevorzugte Lektüre Werthers: Ossian
Leitmotiv: Wiegenlied	Leitmotiv: Grab
Werther = Goethe	Werther = Jerusalem
Lotte = Charlotte Buff	Lotte = Elisabeth Herd (1741–1813), Frau des Gesandtschaftssekretärs Herd
Albert = Kestner	Albert = Herd

Literarische Einflüsse

Einige literarische Beziehungen[43], die für die Entstehung wichtig sind, nennt der Roman selbst: Im Herbst 1771 übersetzte Goethe die *Gesänge von Selma* aus dem *Ossian* und schenkte sie Friederike Brion; sie wurden überarbeitet in den Roman aufgenommen. Die Tradition des Briefromans hatten Samuel Richardsons *Clarissa* (1747–1748) und ihm folgend Rousseaus *Julie oder Die Neue Héloise* (1761) vorgegeben. Sie hatten neben der Form des Briefromans Möglichkeiten gezeigt, die Romanhandlung durch Beschreibungen, vor allem der Natur und Reflexionen über Sinnlichkeit und

---

42 Karl Wilhelm Jerusalem: *Philosophische Aufsätze* (1776). Mit G. E. Lessings Vorrede und Zusätzen. Neu hrsg. von Paul Beer. Berlin: B. Behr, 1900, S. 3. Vgl. auch Rothmann, S. 106 f.
43 Die literarischen Beziehungen sind umfangreich. Es gehören neben den genannten Namen noch Swift, Young, Sterne u. a. dazu. Vgl. Reuter, S. 92.

3.1 Entstehung und Quellen

Leidenschaft, zu ersetzen. Goethes *Werther* wurde sogar zu den „zahlreichen Nachahmungen"[44] gerechnet, die *Clarissa* hervorgebracht habe. Ähnlichkeiten gibt es in der Spannung zwischen bürgerlicher Tugend und aristokratischer Selbstgefälligkeit; in der Figurenbeziehung entspricht Lottes Erwartung, Werther möge seine Leidenschaften beherrschen, und Werthers nicht zu bezwingende Leidenschaft der Beziehung zwischen Clarissa und Lovelace. Der entscheidende Unterschied ist, dass Clarissa nach ihrem stillen Tod wie eine überirdische Heilige der Tugend erscheint, während Lotte eine säkulare, bürgerliche Existenz als Erfüllung des Lebens führt. Die Handlung des *Werther* ist erregender, letztlich spannender, als die auf sentimentale Tiefgründigkeit ausgehende Handlung von *Clarissa*, obwohl diese, „äußerlich betrachtet, die Geschichte einer Vergewaltigung"[45] ist. Von strukturellem Einfluss war Marie Sophie von La Roches Roman *Geschichte des Fräuleins von Sternheim. Von einer Freundin derselben aus Original-Papieren und anderen zuverlässigen Quellen gezogen*, herausgegeben von C. M. Wieland im Jahr 1771.

Goethes Roman entstand in kurzer Zeit ab dem 1. Februar 1774. Nach seiner eigenen Aussage benötigte er vier Wochen für die Niederschrift.[46] Am 14. Februar 1774 teilte Goethes Freund Merck seiner Frau bereits mit, Goethes Roman werde zu Ostern erscheinen.[47] Im März war der Roman weitgehend fertig, Indizien lassen den Abschluss Ende April vermuten.[48] Was in den Roman an

Kurze
Entstehungszeit

---

44 Theodor Wolpers: Richardson. Clarissa. In: Franz K. Stanzel: *Der englische Roman*, Band 1. Düsseldorf: August Bagel Verlag 1969, S. 147.
45 Wolpers, a.a.O., S. 144.
46 *Dichtung und Wahrheit*. In: BA 13, S. 631. – Die eigenen Aussagen sind allerdings ungenau: So will er dem Verleger das Manuskript unmittelbar nach der Hochzeit seiner Schwester geschickt haben; diese war aber am 1. 11. 1773. (*Dichtung und Wahrheit*, BA 13, S. 633).
47 Bode, Band 1, S. 54.
48 Beutler spricht im Nachwort zur Zitierausgabe von „Anfang Mai" (S. 158).

3.1 Entstehung und Quellen

Vorbildern einging, war in Goethes Kopf vorhanden; während der Niederschrift hatte er kaum Gelegenheit, anderes zu lesen.

Zwei Fassungen

Nach seiner Ankunft in Weimar 1775 begann Goethe, seinen Roman vermehrt kritisch und als fremd zu betrachten. Im November 1782 begann er mit der Umarbeitung, die er im Juni 1783 vorläufig und 1786 vor der Reise nach Italien endgültig abschloss. In einem Brief an Charlotte von Stein schrieb er fast zynisch am 25. 6. 1786, er „finde immer, dass der Verfasser übel getan hat, sich nicht nach geendigter Schrift zu erschießen"[49].

Die zweite Fassung wurde durch die Bauernburschenepisode erweitert. Albert wurde aufgewertet, dadurch gerechter, verständnisvoller, als Partner für Lotte geeigneter. Kestner hatte sich bei Goethe über die Darstellung in der ersten Fassung beklagt: „So aber wie er da ist, hat er mich, in gewissem Betracht, schlecht erbauet."[50] Goethe schrieb während der Überarbeitung an Kestner, er wolle Albert so stellen, „dass ihn wohl der leidenschaftliche Jüngling, aber doch der Leser nicht verkennt"[51].

Lottes Liebe zu Werther ist in der ersten Fassung eindeutiger; das Thema der Konvenienzehe, in der ersten Fassung deutlich, wurde entschärft. Dem Herausgeber wurde früher als in der ersten Fassung die Organisation des Textes übergeben; der Briefroman wurde zum Dokumentarroman: In der ersten Fassung ist der letzte Brief Werthers vor dem Herausgeberbericht der vom 17. Dezember, in der zweiten Fassung ist es der vom 6. Dezember. Auch bekam der Herausgeber den dritten und entscheidenden Teil der Bauernburschenepisode für seinen Bericht zugeordnet (vgl. HL S. 81 f./R S. 117 ff.). Andererseits wurde dem Herausgeber eine

---

49 An Charlotte von Stein am 25. 6. 1786. In: Reuter, S. 107.
50 Briefentwurf Kestners, zitiert in: Rothmann, S. 127.
51 Goethe an Kestner am 2. Mai 1783, in: *Der junge Goethe*, Band 2, S. 550.

wichtige Passage, die auf Werthers gesellschaftlichen Konflikt zielte, gestrichen. Darin hieß es u. a.: „Den Verdruss, den er bei der Gesandtschaft gehabt, konnte er nicht vergessen. Er erwähnte dessen selten, doch wenn es auch auf die entfernteste Weise geschah, so konnte man fühlen, dass er seine Ehre dadurch unwiederbringlich gekränkt hielte und dass ihm dieser Vorfall eine Abneigung gegen alle Geschäfte und politische Wirksamkeit gegeben hatte."[52]

Erfahrungen aus dem Weimarer Jahrzehnt seit 1775 und die Beziehungen zu Charlotte von Stein hatten keinen auffallenden Einfluss. Der außerordentliche Erfolg des Buches sollte nicht gefährdet und gleichzeitig der Roman nicht zu nahe an seine neuen Positionen, die klassischen Charakter hatten, herangeführt werden. Was bei der *Iphigenie* unausbleiblich war, musste beim *Werther* unterbleiben. Goethe nahm die Umarbeitung vor, „ohne die Hand an das zu legen, was so viel Sensation gemacht hat"; er wollte lediglich den Roman „noch einige Stufen höher" schrauben, wie er am 2. Mai 1783 an Kestner schrieb[53].

Der Plan von 1796 *Werthers Reise (Briefe aus der Schweiz. Erste Abteilung)* wollte durch Briefe einer Schweizreise eine Vorgeschichte der Leiden Werthers schaffen; das zerschlug sich.[54] Die ständige Präsenz des *Werther*-Themas wurde in Goethes Zeugnissen und Briefen bestätigt. Am 3. 12. 1812 schrieb er an Zelter: „Ich getraute mir, einen neuen Werther zu schreiben, über den dem Volke die Haare noch mehr zu Berge stehn sollten als über den ersten."[55] Für die Jubiläumsausgabe 1824 schrieb Goethe die

---

52 BA Band 9, S. 95.
53 Goethe an Kestner am 2. Mai 1783, in: *Der junge Goethe*, Band 2, S. 550.
54 Eckermann, S. 671. Vgl. dazu: Rothmann, S. 123 ff.
55 Zitiert bei Reuter, S. 109.

3.1 Entstehung und Quellen

Elegie *An Werther*: Nun war der Themenkreis des Romans abgeschlossen.

Goethe und Homer

An der Entstehung war auch die frühe Homer-Rezeption Goethes beteiligt; mehrfach kommt Werther im ersten Buch auf seine Homer-Lektüre zu sprechen. Wahlheim wird zur Idylle in Analogie zur Heimkehr von Odysseus nach Ithaka aus der *Odyssee*. In dieser Verkürzung der Odyssee findet sich nichts von antikisierender Größe, vielmehr wirkt Werthers Homer-Beschäftigung fast trivial. Über die Kriege der *Ilias* verliert Goethes Werther kein Wort[56]. Werthers Homer-Rezeption war eine „Balance von emphatischen Ausdruck und Ironie"[57]. Homer wird im zweiten Buch des Romans durch *Ossian* abgelöst, mit dem Goethe in Straßburg durch Herder bekannt geworden war: „Ossian hat in meinem Herzen den Homer verdrängt." (HL S. 70/R S. 100)

---

[56] Vgl. Volker Riedel: Goethe und Homer. In: *Wiedergeburt griechischer Götter und Helden. Homer in der Kunst der Goethezeit*. Mainz: Verlag Philipp von Zabern, 1999, S. 244.

[57] Mattenklott, S. 76.

3.2 Inhaltsangabe

3.2 Inhaltsangabe

**ZUSAMMEN-
FASSUNG**

Der Roman spielt 1771/1772 zumeist in einer kleinen Beamtenstadt und ihrer Umgebung, zeitweise in einer entfernteren Stadt. Die Titelgestalt Werther, ein Jurist, ist in Erbschaftsangelegenheiten seiner Mutter unterwegs und verliebt sich dabei in Charlotte (Lotte), die bereits vergeben ist, erlebt Höhen und Tiefen, wird auch sozial als Bürgerlicher durch Adlige diskriminiert und nimmt sich schließlich, um einer Verbindung der geliebten Frau mit dem inzwischen zum Freund gewordenen Verlobten nicht im Wege zu stehen, und auch aus Enttäuschung über die Erniedrigungen, die er erfahren musste, das Leben.

Die Inhaltsangabe bezieht sich auf die zweite Fassung. Einige Unterschiede der Fassungen (1774, 1787) stehen in Anmerkungen.[58]

Funktion des
Herausgebers

    Ein Herausgeber legt vor, was er „von der Geschichte des armen Werther" (HL S. 5/R S. 3) hat finden können. Das bezieht sich insbesondere auf die Vorgänge, die über die Briefmitteilungen hinausgehen und Werthers Ende betreffen. Indem er vom „armen Werther" schreibt, ist ein glücklicher Ausgang nicht zu erwarten. Der Herausgeber schaltet sich anfangs zurückhaltend, im letzten Viertel bestimmend ein, begründet Auslassungen und verweist auf zusätzliche Lektüre. Die fortlaufend datierten Briefe bzw. Eintragungen lassen eine chronologisch verlaufende Handlung erkennen. Nicht eindeutig ist, ob der Herausgeber mit Werthers Freund

---

58 Wesentliche Unterschiede zur ersten Fassung werden ausgewiesen nach *Die Leiden des jungen Werthers.* In: BA 9, S. 7–118.

DIE LEIDEN DES JUNGEN WERTHER   41

Wilhelm, der Name wird später genannt (vgl. HL S. 10/R S. 12), identisch ist. Einerseits bezeichnet der Herausgeber Werther als „unser(en) Freund" (HL S. 101/R S. 114), was auch für Wilhelm zuträfe; dadurch befände er sich problemlos im Besitz aller Briefe Werthers an Wilhelm. Andererseits spricht die Objektivität, die der Herausgeber gegenüber Wilhelm an den Tag legt („ein angefangener Brief an Wilhelm", HL S. 86/R S. 124; einen „Brief an seinen Freund geschrieben", HL S. 87/R S. 125), für zwei Personen. Die Interpreten des Romans sind unentschieden.

Erstes Buch

Das erste Buch reicht vom Mai bis zum Frühherbst im September 1771 (vgl. HL S. 5–50/R S. 5–71); die jahreszeitlichen Angaben sind von Bedeutung und korrespondieren mit der Verfassung Werthers. Auch Goethe fühlte sich abhängig von Jahreszeiten und Barometerschwankungen und beobachtete sie regelmäßig wegen des eigenen Befindens.

Briefe im Mai

Werther berichtet im ersten Brief vom 4. Mai von einer Flucht vor Schicksal, Angst und einer Leonore, die in Leidenschaft zu ihm entbrannt war, über die der Leser nichts erfährt. Er ist als juristischer Vertreter in Erbschaftsangelegenheiten der Mutter in einer kleinen süddeutschen Beamtenstadt, worauf die Sprache hinweist, unterwegs; Erbschaftsangelegenheiten spielen im Roman eine Rolle: die der Mutter, der Tante, des Vaters von Hans. Auch Albert ist unterwegs, um Erbschaften zu regeln (vgl. HL S. 13/R S. 22). Andere kommen später im Zusammenhang mit der Bauernburschenepisode hinzu. Nebenbei malt Werther. In seinen Äußerungen wird er als Stürmer und Dränger erkennbar: So bewundert er am Garten des Grafen von M, dass „ein fühlendes Herz den Plan

3.2 Inhaltsangabe

gezeichnet" (HL S. 6/R S. 6) habe, „nicht ein wissenschaftlicher Gärtner" (HL S. 6/R S. 6). Der Gegensatz von Verstand und Gefühl, Kopf und Herz ist für den Gegensatz von Aufklärung und Sturm und Drang typisch.

Der Leser erfährt einiges über Werthers Entwicklung und Tätigkeit. Die Parallelität zum jungen Goethe, der seit 1771 sein Jurastudium abgeschlossen hatte und Advokat war, in Frankfurt die Verwaltung des Familienvermögens erlebte und zudem zeichnete, ist auffallend. Werther genießt Natürlichkeit und Schönheit der idyllischen, ja paradiesischen Landschaft; er liest Homers *Odyssee* und verzichtet sonst auf Bücher (HL S. 7/R S. 9). Ein besonderes Erlebnis bietet ein Brunnen, an dem sich Gegenwart und Vergangenheit mit Mythischem überlagern: Werther fühlt sich gebannt wie Melusine, das Wesen aus Frau und Fisch. Seine widerstreitenden Gefühle – Kummer und Ausschweifung, Melancholie und verderbliche Leidenschaft (vgl. HL S. 7/R S. 9) – belasten ihn ebenso wie die Erfahrung, dass die Leute von Stand „sich immer in kalter Entfernung vom gemeinen Volke halten" (HL S. 8/R S. 9). Damit wird neben der Sehnsucht nach Liebe auch die soziale Situation ins Spiel gebracht. Frühzeitig ist in Werthers Überlegungen der Selbstmord als „das süße Gefühl der Freiheit" (HL S. 11/R S. 14) vorhanden, das dem Menschen, „so eingeschränkt er ist" (HL S. 11/R S. 14), bleibe.

> Früher Gedanke am Selbstmord

Werther lobt die Einsamkeit, sieht sein Leben in Übereinstimmung mit der Natur – es ist Frühling – und eröffnet die Vergleiche zwischen seinem Leben und den Jahreszeiten. Seine Erlebnisse lassen ihn den Tod einer lieben Freundin, der „Freundin meiner Jugend" (HL S. 9/R S. 11) leichter überwinden[59]. Unter den Men-

---

59 Tod Henriette von Roussillons am 18. April 1773. Goethe hatte die Hofdame als Urania in Mercks Darmstädter Kreis erlebt.

schen, die er kennenlernt und von denen er die Kinder und die schlichten, fleißigen Bürger und einfachen Bauern bevorzugt, ist ein Amtmann, von dessen ältester Tochter „man viel Wesens" mache (HL S. 10/R S. 12). Er wird auf den Jagdhof zum Amtmann eingeladen.

In dem Dorf Wahlheim, wo er sich oft aufhält, treibt er Studien, porträtiert ein kindliches Knabenpaar nach der Natur und spricht mit dessen Mutter. Es ist die erste Parallelhandlung, die beginnt. In der Landschaft und unter dem einfachen Volk glaubt Werther, sich frei bewegen zu können. Auch Liebe und Kunst sind ihm nur in Freiheit möglich, Ämter und alltägliche Arbeit wahrzunehmen verlangt nach Pflichtgefühl, schließt aber Kunst und Liebe aus. Er lernt im Ort einen Bauernburschen kennen, der bei einer Witwe arbeitet und diese verehrt. Werther ist von dessen Leidenschaft und Neigung überrascht[60]. Damit beginnt die zweite Parallelhandlung.

Briefe im Juni

Begegnung mit Lotte

Erst am 16. Juni schreibt Werther wieder. Er begründet den Zeitverzug mit Lotte, der er begegnet ist. Allerdings kann er das nicht geordnet beschreiben, sondern äußert sich elliptisch, fragmentarisch und unkonzentriert: Alle seine Sinne werden vom Gefühl übermannt, verstandesmäßige „Ordnung" (HL S. 15/R S. 20) ist kaum möglich. Werther hat, als er mit seiner Balldame eine Bekannte abholt, „das reizendste Schauspiel" erlebt, „das ich je gesehen habe" (HL S. 17/R S. 22). Lotte, schon im Ballkleid[61], schneidet ihren Geschwistern Brot. Auf der Fahrt zum Ball kommt es zu ei-

---

60 Die Bauernburschenepisode ist in der ersten Fassung nicht vorhanden; ihre Einführung zeigt, wie Goethe die Handlung stärker organisierte und die in einem Briefroman in der Regel schwach entwickelte äußere Handlung durch die Parallelhandlungen aufwertete.

61 Das Ballkleid Lottes ist berühmt geworden wie die Werther-Kleidung: Es ist „ein simples weißes Kleid, mit blassroten Schleifen an Arm und Brust" (S. 22); später schenken Lotte und Albert Werther eine der Schleifen zum Geburtstag (S. 64), mit der er begraben sein will.

3.2 Inhaltsangabe

nem Gespräch über Literatur; Lotte liest bevorzugt empfindsame Romane der Art Richardsons und Goldsmith' *Der Landprediger von Wakefield* (1766). Auf dem Ball tanzen Werther und Lotte oft miteinander. Warnend wird Lotte von einer Freundin der Name „Albert" zugerufen. Werther erfährt nach einiger Zeit, dass Lotte mit Albert „so gut als verlobt" (HL S. 21/R S. 28) ist. Ein einsetzendes Gewitter lässt die Ballbesucher mit Pfänderspielen die Zeit vertreiben. Am Ende des Gewitters fühlen Lotte und Werther innige Übereinstimmung: „(...) ich sah ihr Auge tränenvoll, sie legte ihre Hand auf die meinige, und sagte – Klopstock!" (HL S. 22/R S. 30). Beide wissen, was gemeint ist: Klopstocks Ode *Die Frühlingsfeier* (1759). Nach der Heimkehr vom Ball gestattet Lotte Werther, sie am gleichen Tag besuchen zu dürfen. Seither hat Werther kein Zeitgefühl mehr, „und die ganze Welt verliert sich um mich her" (HL S. 23/R S. 31). Homers *Odyssee* bestätigt ihn in seinem „patriarchalischen Leben" (HL S. 24/R S. 33), das als Wunsch Werthers bereits im Vergleich mit Melusine am Brunnen entstanden war („die patriarchalische Idee", HL S. 7/R S. 8), in dem Lottes Geschwister einen festen Platz bekommen. Im Begriff des „patriarchalischen Lebens" bekommt Werthers Sehnsucht ein Ziel, beinhaltet der Begriff doch ein archaisch anmutendes Familienideal mit weisem Vater, schöner Frau und Kindern, zurückgehend auf die Familienoberhäupter der Bibel, aber auch im Sinne der vorbildhaften Vaterfiguren bei Homer. Die Liebeshandlung hat einen Höhepunkt erreicht. Der Name „Albert" lässt jedoch Konflikte ahnen.

---

61 Fortsetzung   Als Thomas Mann die Begegnung zwischen Goethe und Lotte von 1816 in dem Roman *Lotte in Weimar* beschrieb, ließ er sie „in dem weißen, fließenden, aber nur knöchellangen, vor der Brust mit einer Agraffe faltig gerafften Kleide mit dem blassrosa Schleifenbesatz" erscheinen (Berlin: Aufbau, 1963, S. 357).

Briefe im Juli

Konflikte

Die Konflikte brechen auf. Zuerst ändert sich Werthers Diktion: Sein Herz sei übler dran als „manches, das auf dem Siechbette verschmachtet" (HL S. 25/R S. 34). Lotte spricht einem kranken Pfarrer Trost zu und verschönt einer sterbenden Freundin den Tod. Auf dem Pfarrhof erfahren Lotte und Werther die Geschichte der „schönen" Nussbäume (dritte Parallelhandlung), die später sterben müssen. Werther hält auf dem Pfarrhof eine Lektion für den Liebhaber der Pfarrerstochter, der auf Werther eifersüchtig ist: Junge Leute sollten sich nicht „die paar guten Tage mit Fratzen verderben" (HL S. 26/R S. 36), sondern Freude und Glück gemeinsam genießen. Dabei wird er so übermannt, dass ihm die Tränen kommen und Lotte ihn auf dem Heimweg bittet, sich mehr zu schonen. Lotte erzählt Werther von einer Frau, die ihrem Manne auf dem Sterbebett gesteht, fehlendes Geld für den Haushalt aus den Einnahmen genommen zu haben, da sie mit den von ihrem Mann zu spärlich bemessenen Haushaltsmitteln nicht ausgekommen sei. Werther glaubt, Lotte liebe ihn, erzählt sie aber von Albert, fühlt er sich enttäuscht. Seine Selbstmordvorstellungen tauchen wieder auf: Ihm kommen Ahnungen, sich „eine Kugel vor den Kopf" zu schießen (HL S. 32/R S. 45), die Lotte mit Klavierspiel zu zerstreuen weiß. Wilhelm und Werthers Mutter versuchen, ihn durch Beschäftigungen (Zeichnen) abzulenken und ihm eine diplomatische Stellung einzureden, die ihm wegen der „Subordination" (HL S. 33/R S. 46) nicht passt. Mit der Ankunft Alberts beschließt Werther, zu gehen; der innere Konflikt Werthers bricht aus, denn Albert ist nicht nur ehrlich und sympathisch, sondern vertraut Werther. Dagegen hat Werther kein Mittel.

Briefe im August

Wilhelm wirkt auf Werther ein, sich von Lotte zu trennen. Werther weiß um Wilhelms Sorge, und dass er selbst „ein Tor" ist (HL S. 37/S. 51). Aber sein Ringen um Liebe oder Verzicht geht intensiv weiter. Vor einem Ausflug ins Gebirge borgt sich Werther Alberts Pistolen. Dabei sprechen sie zuerst über das Für und Wider moralisch verwerflicher Taten. Albert argumentiert mit Vernunft und der Klarheit des Gesetzes, Werther mit der Kraft des Gefühls: Diebstahl sei ein Laster, aber der Mensch, der die Seinigen durch Raub retten will, „verdient der Mitleiden oder Strafe" (HL S. 39/R S. 54)? Dann sprechen sie über den Selbstmord, den Albert als Schwäche verurteilt, Werther aber als Lösung einer Überspannung oder als Ausweg aus einem Labyrinth „der verworrenen und widersprechenden Kräfte" (HL S. 42/R S. 58) verteidigt. Werther erzählt die Geschichte vom ertrunkenen Mädchen und bringt damit eine weitere Parallelhandlung in den Roman ein: Ein junges und solides Mädchen wird von einem Mann, dessen Frau sie werden will und nach dem sie sich sehnt, verlassen; ohne andere Möglichkeiten zu prüfen, geht sie in den Tod. Albert erklärt das mit mangelndem Verstand. Beide verstehen einander nicht. Werthers innere Verwirrung wird größer, er empfindet sie als Krankheit und er überlegt, ob er nicht doch eine „Stelle bei der Gesandtschaft" (HL S. 45/R S. 63) annehmen solle.

An seinem Geburtstag, wie der Goethes und Kestners am 28. August, stilisiert Werther seine Krankheit, um mit Mitleid von Lotte rechnen zu können. Lotte und Albert schenken ihm eine Schleife des Kleides, in dem er Lotte zuerst traf, und eine handliche Homer-Ausgabe. Werthers Verwirrung wird größer; er sucht Fluchtwege in „die einsame Wohnung einer Zelle" oder gar in „das Grab" (HL S. 47/R S. 66). Die Konfliktsituation hat einen Höhepunkt erreicht und drängt zur Lösung.

Ringen um Liebe oder Verzicht

Briefe im September

Abschied
von Lotte

Werther verlässt Lotte und Albert. In einer letzten Begegnung am
9. September schweigt er beiden gegenüber von seinem Vorha-
ben, aber über dem Treffen liegt die Schwermut des Abschieds,
„das Gefühl von Tod" (HL S. 48/R S. 68). Lotte bringt im Angesicht
des nächtlichen Mondscheins das Gespräch auf Verstorbene und
die geistige Begegnung mit ihnen. Sie fragt, ob sie sich finden
und erkennen werden. Werther verspricht: „(…) wir werden uns
wiedersehn! hier und dort wiedersehn!" (HL S. 48/R S. 68). Bei der
Erinnerung an ihre tote Mutter gesteht sie Werther eine besondere
Rolle zu: „Sie war wert, von Ihnen gekannt zu sein!" (HL S. 49/R
S. 69)

Es ist eine Situation, die die Liebenden aus dem Klopstock-
Gedicht *Die frühen Gräber* (1764) kennen[62]. Goethe verließ Wetzlar
ebenso abschiedslos am 11. September 1772 und hatte am 10.
September über das Wiedersehen im Jenseits an Charlotte einen
Brief geschrieben.

Zweites Buch
Briefe im Oktober, November und Dezember 1771

Werther hat, vermutlich auf Rat Wilhelms, in einer anderen Stadt
Deutschlands eine Stellung im diplomatischen Dienst aufgenommen, den er freudlos absolviert. Sein Dienstherr ist ein korrekter,
pedantischer Beamter. Werther wird durch die „fatalen bürgerlichen Verhältnisse" (HL S. 53/R S. 76) gestört, in denen auf Hie-
rarchien größter Wert gelegt wird und der Wettstreit um Geltung
dominiert. Ordnung und Genialität stoßen aufeinander; das führt

---

62 „Ihr Edleren, ach es bewächst/Eure Male schon ernstes Moos!/O wie war glücklich ich, als ich
noch mit euch/Sahe sich röten den Tag, schimmern die Nacht." Schlussstrophe des Gedichts
von Klopstock.

3.2 Inhaltsangabe

zu weiteren Konflikten. Werther kann sie überstehen, weil er im Grafen C. einen Vertrauten und im Fräulein von B. eine Art Lotte-Ersatz findet. In der Tante des Fräuleins von B. lernt er allerdings die Personifikation inhaltsloser Geltungssucht kennen. Der Gegensatz von Adel und Bürgertum wird ihm immer deutlicher. Als Urbilder hinter Fräulein von B. wurden sowohl Maximiliane von La Roche als auch Luise von Ziegler gesehen. Die Eintragungen werden seltener und weniger leidenschaftlich; die Unlust hindert ihn am Schreiben.

Briefe im Januar und Februar 1772

Werther ist mit der gesellschaftlichen Hierarchie und dem von ihr ausgebildeten „Zeremoniell" (HL S. 54/R S. 77) immer unzufriedener, fühlt sich als Marionette und sieht sich einem sinnlosen Leben folgend. Seine Überlegungen über das alltägliche Leben nehmen Bekenntnisse Dantons (aus Georg Büchners *Dantons Tod*) vorweg (HL S. 54/R S. 77). Die Enttäuschungen verweisen ihn auf die Liebe zu Lotte, die zum Inhalt seines Lebens geworden war. Aus einer Bauernherberge inmitten von Schnee und Eis, Sinnbild der natürlichen Einsamkeit im Gegensatz zu den sozial und gesellschaftlich organisierten Orten, schreibt er ihr. Die Spannung mit dem Gesandten steigt; die Trennung beider rückt näher. Werther bekommt vom Minister einen Verweis; er wird von der Nachricht überrascht, dass Lotte und Albert geheiratet haben. Er hatte sich vorgenommen, an diesem Tag „Lottens Schattenriss" (HL S. 57/R S. 81) von der Wand zu nehmen und unter anderen Papieren zu begraben, gleichbedeutend mit verzichtendem Abschied von Lotte. Nun bleibt der Schattenriss hängen, der Werthers Bindung an Lotte verlängert. Sich steigernde Konflikte werden angedeutet.

Probleme mit der Gesellschaft

Briefe vom 15., 16. und 24. März sowie vom 19. April

Zentrale Briefe des Romans

Die Briefe stehen im Zentrum des Romans und bilden inhaltlich einen Höhe- und Umschlagpunkt, unabhängig davon, dass die Aufteilung zwischen erstem und zweitem Buch andere Quantitäten ausweist. Von nun an kommt der Gedanke des Selbstmordes – „das süße Gefühl der Freiheit" (HL S. 11/R S. 14) –, der bei Werther latent vorhanden war, fortlaufend vor: „So ist mir's oft, ich möchte mir eine Ader öffnen, die mir die ewige Freiheit schaffte." (HL S. 60/R S. 85) Werther wird tief gedemütigt: Bei einem Empfang einer Adelsgesellschaft wird er brüskiert und vertrieben, weil er subalterner Angestellter und nicht standesgemäß ist. Diese Gesellschaft gleicht einer Gespensterversammlung der Vergangenheit, deren Garderobe mit „neumodischen Lappen" (HL S. 58/R S. 82) geflickt wurde. Die Schuld an dem „Verdruss" gibt Werther der gesellschaftlichen Hierarchie, vor allem dem überholten und fast zur Karikatur erstarrten Feudaladel, aber auch jenen, die ihn in diese Hierarchie drängten (Wilhelm, die Mutter). Besonders erregt ihn, dass seine Beziehung zu Fräulein B. zerstört wird, der man ihre nicht standesgemäße Beziehung zu Werther verübelt. Ihn ärgert, dass man davon spricht und die Neider triumphieren. Werther verlangt seine Entlassung aus höfischem Dienst, die gleichbedeutend ist mit dem Verzicht auf die Beamtenlaufbahn. Die Entlassung wird genehmigt. Werther wird die Einladung des Fürsten ** annehmen, der „vielen Geschmack" (HL S. 60/R S. 86) an seiner Gesellschaft findet.

Briefe von Mai bis September

Auf der Fahrt ins fürstliche Jagdschloss, wo er sich in der nächsten Zeit aufhalten wird, besucht Werther seinen Geburtsort. Einzel-

3.2 Inhaltsangabe

heiten, wie die Linde vor der Stadt (HL S. 61/R S. 87)[63] und das
Stadttor, deuten auf Frankfurt am Main hin. Von dort reist er auf
das fürstliche Jagdschloss seines Gönners, des Fürsten, der ihn
eingeladen hat. Werthers Absicht, mit dem Fürsten in den Krieg zu
ziehen, stößt beim Fürst auf Ablehnung. Werther, für den das nur
eine weitere Variante der Flucht war, lässt schnell von dem Plan ab.
Der Aufenthalt wird zur Enttäuschung, denn der Fürst und Werther
„haben im Grunde nichts gemein miteinander" (HL S. 63/R S. 90).
Werther verlässt den Fürsten und strebt in die Nähe von Lotte. In   Rückkehr zu Lotte
Gedanken spielt er durch, wie sich Lotte als seine Frau ausnähme.
Auf dem Weg zu Lotte erlebt er, wie die Parallelhandlungen umge-
schlagen sind: Eines der Kinder, das von Werther gemalte, ist gestorben, und der Vater hat seine Erbschaft nicht erhalten. Der Bauernbursche ist vom Bruder der Witwe als Erbschleicher aus dem
Haus gejagt worden, als er versuchte, im Sinnenrausch die Bäuerin
zu vergewaltigen. Die Nussbäume sind gefällt worden. Werther,
der seine ersten Briefe im herrlichsten Frühling schrieb, lebt nun
im Herbst und fühlt Herbst „in mir und um mich her" (HL S. 66/R
S. 93). Sogar der Wunsch nach Alberts Tod drängt sich auf, zumal
er Albert als Mann Lottes für ungeeignet hält: Ihm fehle Gefühl.
Werther hat sich seine Tracht, „meinen blauen einfachen Frack
(…) auch wieder so gelbe Weste und Beinkleider" (HL S. 68/R
S. 96 f.), neu anfertigen lassen und begegnet am 12. September
wieder Lotte, während der Freund Albert sich zurückhält. Dafür
macht Lotte Werther verführerische Zugeständnisse: Ihr Kanari-
envogel, der erst ihren Mund küsste, trägt den Kuss zu Werther.
Dessen Lebenslust lässt deutlich nach, da er sieht, wie die Menschen „ohne Sinn und Gefühl" (HL S. 69/R S. 98) vernichten, was
auf Erden „noch einen Wert hat" (HL S. 69/R S. 98).

---

63   Vgl. *Dichtung und Wahrheit*, BA 13, S. 30.

Briefe im Oktober und November

Werthers Veränderungen

Werther fühlt sich in der Nähe Lottes scheinbar wohl; aber er verändert sich innerlich: Homer wird von Ossian abgelöst, statt der hellen Antike begeistern ihn nun Nacht- und Grabesstimmungen Altschottlands. An die Stelle der Lebenslust eines Ulysses treten Grabsteine und Gräber bei Ossian. Zunehmend sinnt er über den eigenen Tod nach, wünscht ihn auch. Er betrauert die Vergänglichkeit und das schnelle Vergessen. Gleichzeitig will er Lotte einmal um den Hals fallen, ans Herz drücken und hat „hundertmal auf dem Punkte gestanden" (HL S. 72/R S. 103). Lotte hat ihn wegen seiner „Exzesse" (HL S. 73/R S. 104) ermahnt, doch hält er sich nicht daran. Der Briefempfänger Wilhelm rät ihm, sich zurückzuhalten, weist ihn vermutlich auf die Religion hin. Werther respektiert das („Ich ehre die Religion", HL S. 74/R S. 105), lehnt für sich aber den Trost der Religion ab. Werther deutet Zeichen in Lottes Verhalten – „der gütige Blick", sie nennt ihn „Lieber" (HL S. 75/R S. 106), ihr Blick dringt „tief durchs Herz" (HL S. 75/R S. 107) usw. – für Einverständnis und steigert sich in die Fantasie, dass Lotte die Seine sei. Er isoliert sich zunehmend: Von Begegnungen, Besuchen oder Wanderungen ist keine Rede mehr. Nur eine Begegnung mit einem Wahnsinnigen unterbricht die quälenden Überlegungen, aber in diesem Wahnsinnigen sieht er sich gespiegelt. Alles dreht sich für Werther nur noch um Lotte, wobei er spürt, „dass sie ein Gift bereitet, das mich und sie zugrunde richten wird" (HL S. 75/R S. 106).

Briefe im Dezember

Ankündigung des Endes

Drei kurze Briefe in schneller Folge sind Zusammenfassung der Ereignisse und Ankündigung des Endes. Zuerst erfährt Werther, dass der Wahnsinnige, dessen Schicksal dem seinen gleicht, Lotte liebte. Er war Schreiber bei Lottes Vater. Dann erlebt er Lotte am

3.2 Inhaltsangabe

Klavier; solche Erlebnisse waren für ihn immer besondere Glücks-
stunden, diesmal kommt es zu einem heftigen Ausbruch Werthers
gegen Lotte. Er ist an der Grenze des Erträglichen und flüchtet,
ehe es zu einer nicht mehr zu meisternden Liebesszene kommt
(HL S. 79/R S. 112). Lotte hält ihn für sehr krank und bittet ihn,
sich zu beruhigen. Er steht vor dem Ausbruch des Wahnsinns,
sieht sich im Elend und hofft auf ein Ende durch Gott.

Herausgeberbericht

Es bleiben bis zu Werthers Selbstmord sechzehn Tage[64], über die
der Herausgeber berichtet. Seine Rolle wird in der Überarbeitung
so aufgewertet. Da Werther nur noch wenige eigene Zeugnisse
hinterlassen hat, sammelt der Herausgeber die Erlebnisse derer,
die mit ihm zu tun hatten. Werther, oft in Lottes Nähe, lebt in „ewi-
gem Unfrieden" (HL S. 81/R S. 116) mit sich selbst, weil er sich
als Störenfried der Kestner-Ehe sieht und die Sinnlosigkeit seiner
Liebe erkennt. Werther wird tief getroffen, als er vom Mord des
Bauernburschen erfährt und die Parallelhandlung damit ihren Abschluss erlangt. Werther fand „ihn als Verbrecher selbst so schuld-
los" (HL S. 82/R S. 118). Er notiert sich, nachdem sein juristischer
Rettungsversuch für den Knecht gescheitert ist, dessen Tat er erklären und begründen wollte: „(...) ich sehe wohl, dass wir nicht
zu retten sind." (HL S. 83/R S. 119) Werther hat nun auch seine juristische Korrektheit aufgegeben, als er den Knecht außerhalb der

> 16 Tage bis zum
> Tod Werthers

---

64 Die Zahlen 15 und 16 spielen im Roman eine große Rolle: Der wichtigste Brief wird am
16.6.1771 geschrieben, die zweitwichtigsten am 15./16.3.1772. Die Abstände der Episoden
von Parallelhandlungen betragen ca. 15 bis 16 Monate (Bauernbursche 30.5.1771–4.9.1772;
die Knaben 26.5.1771–4.8.1772; Nussbäume 1.7.1771 – vor 15.9.1772; ertrunkenes Mädchen/
wahnsinniger Blumenpflücker 12.8.1771–30.11.1772). Werther trifft Lotte 15 Monate nach der
ersten Begegnung wieder: Juni 1771–September 1772. Albert kommt vor dem 30.7.1771 und
geht am 21.12.1772. Werthers Abschiede liegen 15 1/2 Monate auseinander: 10.9.1771 Flucht
von Lotte – 23.12.1772 Tod. Goethe hat im *Faust* ein Zauberquadrat (das Planetensiegel Sigilla
Saturni) eingebaut, dessen Quersumme immer 15 aufweist. Die Zahlensymbolik im *Werther* verweist die Handlung auch auf ein magisch bestimmtes Schicksal.

3.2 Inhaltsangabe

Gesetze stellen oder ihm mindestens zur Flucht verhelfen wollte. Auf einem Zettel findet sich eine weitere Erkenntnis: „(…) ich kann nicht gerecht sein" (HL S. 84/R S. 120). Er versinkt in „Schmerz und Untätigkeit" (HL S. 84/R S. 120).

Albert bittet Lotte, Werthers Besuche einzuschränken. Aus dem Wonnemonat Mai vom Beginn ist nun eine Landschaft „ohne Laub", „entblättert" mit „Grabsteinen" im Schnee (HL S. 82/R S. 117), von einer Flut verwüstet (HL S. 85/R S. 122) geworden. Am 20.12. bittet Lotte Werther, vor Heiligabend nicht mehr zu kommen. Er beginnt einen mehrfach unterbrochenen Abschiedsbrief an Lotte. Am 21.12. besucht Werther Lotte; Albert ist verreist, wie bei Beginn ihrer Bekanntschaft. Die Szene wiederholt sich: Man tanzt kein Menuett, aber Lotte spielt eines, statt von Klopstock spricht man nun von Ossian. Werther liest seine Übersetzung Ossianscher Gesänge vor; beide geraten in einen Rausch, der in eine Liebesszene mit „wütenden Küssen" (HL S. 98/R S. 142) umschlägt, die fast zum Liebesakt wird („Die Welt verging ihnen.", HL S. 98/R S. 142), von dem Werther eine Woche zuvor – „Diese Nacht!" – geträumt hat (HL S. 86/R S. 123). Lotte weist ihn aus dem Haus. Am 22.12. schreibt Werther an seinem Abschiedsbrief weiter und borgt sich von Albert nach 16 Monaten (11.8.1771–22.12.1772) wiederum Pistolen. Seinen Brief mit der Bitte hat Goethe fast wörtlich von Jerusalem übernommen, der sich von Kestner Pistolen erbat: „Dürfte ich Euer Wohlgeboren wohl zu einer vorhabenden Reise um Pistolen gehorsamst ersuchen? – J."[65]

Werthers Selbstmord

Am 22. Dezember um Mitternacht erschießt sich Werther, „in völliger Kleidung, gestiefelt, im blauen Frack mit gelber Weste" (HL S. 106/R S. 153) und Lessings *Emilia Galotti* auf dem Lesepult. Er wird noch lebend am nächsten Tag, dem 23. Dezember,

---

65 Michel, S. 92; *Der junge Goethe*, Band 2, S. 544.

3.2 Inhaltsangabe

6 Uhr, gefunden, stirbt um 12 Uhr und wird 23 Uhr beerdigt. Aus Kestners Bericht über Jerusalems Tod nahm Goethe den Schluss: „Handwerker trugen ihn. Kein Geistlicher hat ihn begleitet." (HL S. 106/R S. 154) Es ist alles vor dem Zeitpunkt zu Ende gebracht worden, den Lotte für ein Wiedersehen vorgesehen hatte, „dass Sie nicht eher kommen als Weihnachtsabend" (HL S. 88/R S. 127).[66]

---

66 Mehrere Interpreten behaupten, Werther habe sich an Heiligabend erschossen (Boyle, 1. Band, S. 205; Beutler im Nachwort zur in diesem Band zitierten Reclam-Ausgabe, S. 159). Das ist aus den genauen Zeitangaben Goethes nicht abzuleiten.

3.3 Aufbau

**ZUSAMMEN-
FASSUNG**

Der Roman ist als Briefroman geschrieben, wechselt aber die Perspektive. In seinem Ablauf ähnelt er einem Monolog; zahlreiche Briefe benötigen keinen Empfänger. Das letzte Viertel organisiert der fiktive Herausgeber. Der Gliederung in zwei Bücher im Verhältnis 3 zu 4 steht eine steigende und eine fallende Handlung gegenüber, gruppiert um den Brief vom 15. März 1772, die sich wie 1 zu 1 verhalten. Parallelhandlungen illustrieren die Haupthandlung.

Tradition des
Briefromans

Der Briefroman war europaweit verbreitet, nahm ein Fünftel der Prosaliteratur des 18. Jahrhunderts ein und stand in England in Blüte. Dieser Romantyp konzentriert sich auf eine fast dokumentarische Vollständigkeit für den Helden, bietet aber keine darüber hinaus gehenden Hinweise. Der Dichter war an keine Gattung gebunden, sondern konnte auch lyrische Texte, Dialoge usw. einfügen. Auch in Goethes Roman stehen Briefe in rhythmisierter Prosa (10. Mai, HL S. 6 f./R S. 7 f.; 18. August, HL S. 43 f./R S. 59 ff.), die sich mühelos in freie Rhythmen umsetzen lässt.

Wesentliche Informationen für den Leser werden nicht von einem Erzähler gegeben, sondern als unaufdringliche Erklärungen in die Briefe eingefügt. Dabei durfte ihre subjektive Beschaffenheit nicht verloren gehen. Goethe war ein herausragender Briefschreiber; im *Werther* erfüllte er sich den Wunsch, Briefe zu einem Kunstwerk zusammenzufügen. Dieser Briefroman setzte neue Maßstäbe, weil nicht eine Frau, wie sonst üblich, ihre Situation beschrieb, sondern ein Mann an einen anderen Mann.

| 4 REZEPTIONS-GESCHICHTE | 5 MATERIALIEN | 6 PRÜFUNGS-AUFGABEN |

3.3 Aufbau

Goethes Roman besteht aus zwei Büchern; sie werden vorwiegend durch Briefe gefüllt. Erst als mit dem Beginn des zweiten Buches Leerstellen auftreten und eine gewisse Langatmigkeit eintritt, zumal Werther wenig Neues zu bieten hat, bekommt der Herausgeber eine gestalterische Funktion, die über die Reihung der Briefe hinausgeht. Durch den Perspektivenwechsel entsteht neue Spannung. Die Antworten der Briefempfänger Wilhelm, Lotte und Albert erfährt der Leser aus Reaktionen Werthers („Ich danke dir, Wilhelm, für deinen herzlichen Anteil (…)", HL S. 74/R S. 105). Zahlreiche Briefe können auch ohne Adressaten existieren, scheinen sich an Werther selbst zu richten („Was das für Menschen sind (…)", HL S. 54/R S. 77) oder stammen möglicherweise aus Werthers Tagebuch, von dem er spricht (vgl. HL S. 37/R S. 51). Dazu gehören die beiden besonders strukturierten Briefe vom 10. Mai 1771 (HL S. 6 f./R S. 7 f.) und vom 18. August 1771 (HL S. 43 f./R S. 60 ff.). Gegen Ende nehmen kurze, tagebuchartige Eintragungen zu, als vermeide Werther briefliche Kontakte und begnüge sich mit dem Selbstgespräch (vgl. HL S. 70 ff., S. 75 f., S. 79/R S. 101 f., S. 103, S. 106 f., S. 111). Unterstellt man, dass diese Teile keine Briefe sind und zahlreiche Briefe auch ohne Adressaten auskommen, ist der Roman mindestens teilweise „ein episch-lyrischer Monolog"[67].

In der Verteilung des Textes erscheinen die zwei Teile des Romans gegliedert nach dem Prinzip des Goldenen Schnittes (a : b = a + b : a), das für Bilder bekannt ist und beim Betrachter Wohlgefallen auslösen soll. Der tatsächliche Ablauf des Textes mit Aufstieg, Höhepunkt und Abfall aber hat einen Umschlagpunkt, den Brief vom 15. März 1772, der den Text halbiert und sich dem Wohlgefallen (und dem Goldenen Schnitt) hinderlich in den Weg

Goldener Schnitt

---

67 Reuter, S. 93.

DIE LEIDEN DES JUNGEN WERTHER

3.3 Aufbau

stellt. Dafür weist er auf die von Werther reflektierte Stellung des Menschen zwischen Himmel und Tiefe, zwischen den Spannungen und Polen, zwischen Leben und Tod, zwischen Gebirge und Tal, zwischen Geschaffenem und Zerstörtem, denn es wird „nichts gebildet (…), das nicht seinen Nachbar, nicht sich selbst zerstörte" (HL S. 44/R S. 62).

Handlungs-struktur

Aus dieser hälftigen Struktur des Romans ergeben sich eine aufsteigende und fallende Handlung:

Er entwickelt sich **aufsteigend** aus der „natürlichen" Natur („paradiesische Gegend", HL S. 6/R S. 6) über den „natürlichen" Menschen („Mädchen aus der Stadt", HL S. 7/R S. 8) und eine „natürliche" Kunst (Homer, Zeichnen nach der Natur) zu einer „natürlichen" Gesellschaft („die geringen Leute des Ortes", HL S. 8/R S. 9) und einer „natürlichen" Liebe (zu Lotte: „meine Seele" anzogen, „Träumen" usw., HL S. 19/R S. 25 f.). Diese Liebe ist Gipfel der Natürlichkeit, weil ohne Konventionen auskommend; sie wird auch Werthers letzter Fluchtort.	Er führt **fallend** über eine „unnatürliche" Gesellschaft („garstige(s) Volke", HL S. 53/R S. 75 und Adelsgesellschaft, HL S. 58/R S. 82), eine „unnatürliche" Kunst (das „garstige wissenschaftliche Wesen" und die „gestempelten Kunstworte", HL S. 63/R S. 90) und „unnatürliche" Menschen („wunderliche Menschen", HL S. 63/R S. 89) zu einer erstarrten („ohne Laub", „entblättert", HL S. 82/R S. 117) und vernichtenden („wühlende Fluten", HL S. 85/R S. 122) Natur und über eine „unnatürliche" Liebe (zu Lotte: „Verzweiflung", Sinnesverwirrung „unsinnig" usw., HL S. 98/R S. 141 f.) zur Katastrophe.

Diese steigende und fallende Handlung assoziiert den Grundgedanken Goethes vom ständigen Stirb und Werde, der sich durchgehend in seinem Werk findet und 1814 auf diese Formel im

3.3 Aufbau

Gedicht *Selige Sehnsucht* gebracht wurde.[68] Werther formuliert ihn mehrfach, ausführlich in seinem Brief vom 18. August 1771 (HL S. 43 f./R S. 60 ff.).

Werther flieht durch den Tod aus der Unnatürlichkeit, die ihn krank gemacht hat und in die nun auch Lotte eintritt. Sie ergibt sich der sozialen Ordnung, deren Normen und einem erstarrten Menschenbild. Aber Werther glaubt an eine Wiederkehr: „Wir werden sein! wir werden uns wiedersehen" (HL S. 100/R S. 145) schreibt er gegen Ende des zweiten Buches vor seinem Tod an Lotte; zuvor hatte er schon am Ende des ersten Buches mit den gleichen Worten von einem Wiedersehen nach dem Tode gesprochen: „Wir werden uns wiedersehen" (HL S. 48/R S. 70). Der steigenden und fallenden Handlung entsprechen neben solchen Wiederholungen auch andere sprachliche Mittel: Während in der steigenden Handlung der sachliche, fast distanzierte Kommentar des Herausgebers selten eingesetzt wird, übernimmt er am Ende die Organisation der Handlung völlig und tritt in Distanz zu Werther („Die Harmonie seines Geistes war völlig zerstört", HL S. 80/R S. 114). Der auktoriale Erzähler (der „Macher", der alles weiß) erscheint in Anmerkungen oder als Herausgeber.

Die vom Umfang her ähnlichen zwei Bücher sind kontrastiv angelegt. Das erste Buch wird mit einer Exposition eröffnet. Mit dem Brief vom 30. Mai schließt die Exposition ab: Die Hauptpersonen sind eingeführt, bei der „ältesten Tochter" des Amtmanns handelt es sich um Charlotte; die Parallelhandlungen zur Liebesgeschichte von Werther und Lotte, die der Kinder und des Bauernburschen, sind eröffnet. Das erste Buch beschreibt Erfolge und Freuden Werthers, die immer bedroht sind, das zweite Buch Werthers Nie-

Anlage der zwei Bücher

---

68 Vgl. Rüdiger Bernhardt: *Goethe. Das lyrische Schaffen*. Königs Erläuterungen Spezial. Hollfeld: Bange Verlag, 2009 (2. Auflage), S. 154 ff.

| 1 SCHNELLÜBERSICHT | 2 J. W. V. GOETHE: LEBEN UND WERK | 3 TEXTANALYSE UND -INTERPRETATION |

3.3 Aufbau

derlagen auf dem Weg zu einem aktiven und erfüllten Leben. Das erste Buch beschreibt eine immer intensiver werdende Handlung, die über fünf Monate in weitgehend gleichmäßigen Abständen von Werther beschrieben wird und mit der Trennung Werthers von Lotte ein Ende erfährt. Das zweite Buch zeigt einen getriebenen Werther, der zu genauem Bericht keine Ruhe mehr hat, dessen Briefe mehr zufällig und sporadisch kommen. Oft schreibt er im Gegensatz zum ersten Buch nur einen kurzen Brief im Monat. Die Handlung scheint auf eine Katastrophe zuzustürzen, statt fünf werden nun bei gleichem Umfang 15 Monate verfolgt.

Todesmotiv

Das Todesmotiv wird planmäßig aufgebaut: Bereits im Brief vom 13. Mai 1771 beschreibt Werther sein „empörtes Blut" (HL S. 8/R S. 9). „(…) das süße Gefühl der Freiheit" (HL S. 11/R S. 14) sei es, diesen Kerker verlassen zu können – das ist der Selbstmord. Werthers Überlegung ähnelt der Fausts, der mit dem Freitod die Grenzen seiner Erkenntnismöglichkeit sprengen möchte. Dem Verlauf von höchster Lebens- und Sinnenlust bis zum Höhepunkt und dem Absturz in den Tod entspricht der Wechsel der literarischen Beziehungen: Der Weg führt von Homer zu Ossian, wobei diese Verschiebung dadurch besonders eindrücklich ist, indem beide Autoren immer präsent sind, nur ihre Bedeutung sich verschiebt. Es ist auch der Wechsel von einem freundlichen, naturhaften Leben („Ich brauche Wiegengesang", HL S. 8/R S. 9) zu einem heroischen Tod („Sein Fußtritt geht über mein Grab hin", HL S. 71/R S. 101).

Die Parallelhandlung des Bauernburschen, die in der zweiten Fassung hinzukam, verschafft dem Konflikt und der Abfolge der Todesmotive noch ein retardierendes Moment. Werther glaubt das „Ende der Geschichte" (HL S. 67/R S. 95) zu erleben, als er berichtet, wie der Bauernbursche aus dem Haus verstoßen worden ist. Es war aber nicht das Ende. Das tritt ein, als der Bauernbursche

3.3 Aufbau

zum Mörder wird. Nun schwankt auch Werther zwischen Mord am Nebenbuhler, wie der Bauernbursche, oder Selbstmord. Die Erzählung vom Bauernburschen ist eine der gegensätzlich verlaufenden Entwicklungen, die Ergänzungen zu den beiden Teilen des Romans bieten:

EINIGE GEGENSÄTZE ZUR VERSTÄRKUNG VON WERTHERS KONFLIKT (LIEBE UND TOD)

Jahreszeiten als Lebenssymbole:

Frühling, Mai (S. HL S. 6 ff./R 7 ff.)	Herbst/Winter (HL S. 66/R S. 93 ff.)

Literatur als Ausdruck von Lebensgefühlen:

Homer (HL S. 8/R S. 9 und öfter)	Ossian (HL S. 70, S. 92/R S. 100, S. 133 ff.)

Parallelhandlungen:

Geschichte vom Kind Hans (HL S. 13/R S. 17)	Der Tod von Hans (HL S. 65/R S. 92)
Der Vater von Hans holt ein Erbe ins Haus (HL S. 13/R S. 17).	Vater ist krank und ohne Erbe heimgekehrt (HL S. 65/R S. 92).
Die Nussbäume als Schirm und Schutz (HL S. 26/R S. 35)	Die Nussbäume wurden gefällt (HL S. 69/R S. 98 f.).
Der Bauernbursche liebt seine Bäuerin (HL S. 14 f./R S. 19).	Der Bauernbursche wird verstoßen (HL S. 66/R S. 93 ff.)
	Der Bauernbursche wird zum Mörder (HL S. 82 f./R S. 117 f.).
	Werther versucht, ihn zu verteidigen (HL S. 83/R S. 118 ff.).

Parallele Symbolik:

Pistolen für eine Reise geliehen (HL S. 38/R S. 52).	Pistolen für die letzte Reise geliehen (HL S. 101/R S. 145).
Werther will einen Mörder schonen (HL S. 83/R S. 118 f.).	Albert will einen Mörder verurteilen (HL S. 83/R S. 119).

3.3 Aufbau

Die Handlung wird zusätzlich organisiert durch die Beziehung von Stadt und Dorf, Zivilisation und Natürlichkeit. Die entscheidenden Begegnungen mit Lotte vollziehen sich stets auf dem Land, die Gefährdungen Werthers und seine Zusammenstöße mit den Konventionen treten in der städtischen Gesellschaft auf. Er verkehrt mit dem einfachen Volk und vor allem mit Kindern; mit den Geschwistern Lottes vergnügt er sich unter Bruch aller Konventionen. Das löst aber auch das Gerücht aus, er „verderbe" die Kinder (HL S. 25/R S. 34). Werther durchlebt so den Verlust des schönen Naturzustandes, der durch Lotte seine Vollendung erführe. Der Verlust des Naturzustandes ist aber auch der Verlust einer sozial befriedigenden Ordnung, wie Werther sie auf dem Land fand.

4 REZEPTIONS-GESCHICHTE	5 MATERIALIEN	6 PRÜFUNGS-AUFGABEN

3.4 Personenkonstellation und Charakteristiken

3.4 Personenkonstellation und Charakteristiken

ZUSAMMEN-FASSUNG

Bestimmend ist ein Dreieckskonflikt zwischen Werther, Lotte und Albert. Werther ist ein junger Jurist, der seinen Weg sucht und nach den Vorstellungen seiner Mutter und seines Freundes Wilhelm in den diplomatischen Dienst treten soll. Lotte (Charlotte) ist die Tochter des Amtmanns und vertritt an ihren acht jüngeren Geschwistern Mutterrolle. Sie ist mit Albert versprochen, „so gut als verlobt" (HL S. 21/R S. 28). Albert ist bereits im diplomatischen Dienst.

Goethes Personenkonstellation wird durch einen Dreieckskonflikt bestimmt, wie man den Konflikt zwischen zwei Männern und einer Frau oder umgekehrt bezeichnet. Werther tritt als Dritter in die bestehende Beziehung von Lotte und Albert ein. Er ist der geschätzte Freund, wird aber zum zerstörerisch wirkenden Liebhaber Lottes. Dabei sind Werther und Albert sich ergänzende Wesen, indem sie sich polar zu entsprechen scheinen. Alberts Zweckmäßigkeitsdenken und sein Verstand stehen Werthers Fantasie und seinem Gefühl gegenüber, der Aufklärer und der Stürmer und Dränger ergänzen sich. Lotte wäre mit einer Kombination beider glücklich. (Eine solche Lösung für einen Mann, die Ehe zu dritt, beschrieb Goethe in *Stella*.) – Selbstmord ist für Werther nicht abwegig, da er durch ihn in die von ihm erstrebte Ewigkeit eintreten kann. Dieser modernste Vorgang im Roman nimmt die individuelle Willensentscheidung beim Freitod voraus, wie sie bei Albert Camus und André Gide im 20. Jahrhundert verkündet wurden.

Dreieckskonflikt

DIE LEIDEN DES JUNGEN WERTHER

3.4 Personenkonstellation und Charakteristiken

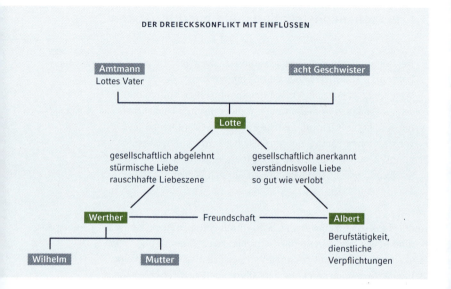

Werther

Sein Name wurde verschieden, aber wenig überzeugend erklärt: Einmal sollte Werther auf den Werder (Halbinsel, Insel) zurückgehen und abgeleitet von „Werth" (Flussinsel) Ausdruck der unaufhebbaren Isolation sein[69]. Zum anderen wurde sein Name als „Steigerung der Werthaftigkeit" erklärt, also als Komparativ zu „wert"[70]. Er ist literarischer Held, sensibel, gebildet und Briefeschreiber. Er trägt im ersten Buch Züge Goethes, im zweiten Buch Züge Jerusalems. Als junger Jurist kümmert er sich um Erbschaf-

---

69 Vgl. Klaus Müller-Salget: Zur Struktur von Goethes Werther. In: *Zeitschrift für deutsche Philologie* 100, 1981, S. 529.
70 Wierlacher, S. 269.

3.4 Personenkonstellation und Charakteristiken

ten und soll in diplomatisch-juristische Dienste treten; der Leser erlebt ihn aber kaum wirklich tätig, sondern meist kontemplativ. Goethe gab ihm seine Fähigkeit des Malens und Zeichnens ebenfalls mit. Werther leidet an der gesellschaftlichen Ordnung, am Leben mit seinen erstarrten Konventionen und Normen und an den Zuständen, in denen es sich vollzieht. Er versucht, diesen Zuständen zu entgehen, aber seine Bestrebungen sind nicht vereinbar mit den vorhandenen Normen. Sein Streben ist ähnlich dem Fausts; er ist ihm auch als Gestalt ähnlich. Sie streben nach Unendlichkeit, scheitern aber an der Wirklichkeit. Ewigkeit ist ihnen nichts Irdisches, Werthers Weg in den Tod nicht nur ein Opfer, sondern ein schneller Weg in diese Ewigkeit. Das von Werther verwendete Symbol des Pferdes, das sich selbst die Ader aufbeißt, um Luft und die „ewige Freiheit" – eine Umschreibung des Selbstmordes – zu bekommen, steht dafür (vgl. HL S. 60/R S. 85). Werthers Tracht wird sprichwörtlich und steht gegen die Konvention: blauer Frack, gelbe Weste und Beinkleider, braune Stulpenstiefel. Goethe wies in seiner Autobiografie *Aus meinem Leben. Dichtung und Wahrheit* darauf hin, dass die Kleidung „unter den Niederdeutschen in Nachahmung der Engländer"[71] verbreitet war.

> Leiden an der Gesellschaft

Werther lebt zwischen Polaritäten und konträren Regelwerken:

Adelsgesellschaft	Bürgerlichkeit
Wissenschaft (Kunsttheorien)	Kunst (Zeichnen nach der Natur)
Ehe	Liebe
französischer Garten	englischer Garten
Lehr- und Fachbücher	Homer, Ossian

---

71   BA 13, S. 585.

3.4   Personenkonstellation und Charakteristiken

Kummer	Ausschweifung
Melancholie	verderbliche Leidenschaft
Vergangenes soll vergangen sein	Gegenwärtiges genießen

Bei der biografischen Beziehung Werthers zu Goethe fällt auf, dass es bei Werther die Mutter ist, die den Sohn zur Aktivität treibt und um seine Karriere besorgt ist. Gleichzeitig ist Werthers Verhältnis zu ihr distanziert; er schreibt ihr auch keinen Abschiedsbrief. Bei Goethe war der Vater der Drängende. Werthers Vater ist schon lange tot. Es gibt im Roman keine Vaterfigur; das ist verwunderlich, schrieb Goethe doch den Roman im Haus seines Vaters: „Die vorsätzliche Ausschaltung des Vaters wirft (...) auf das Verhältnis des Autors zu seinem Vater ein merkwürdiges Licht."[72] Unter den Deutungen, die Werther bekommen hat, sieht eine überraschend in ihm einen „gesteigerten Conti"[73] nach Lessings *Emilia Galotti*. Selbst wenn man der nicht überzeugenden Beweisführung folgte, dass Werthers Brief vom 10. Mai (HL S. 6 f./R S. 7 f.) eine angelesene Lessing-Paraphrase sei – das Argument ist, Werther denke über Malerei nach –, bleibt die Frage unbeantwortet, was die vielschichtige Gestalt Werthers und die eindimensionale Figur des Malers Conti bei Lessing miteinander verbindet. Werther stirbt an dem mehrfach zerstörten Ich, aber diese Zerstörung wird nicht nur durch Lotte, sondern durch die geistige, politische und soziale Welt ausgelöst, in der Werther sich bewähren soll.

--- ---

72   Dagmar von Gersdorff: *Goethes Mutter. Eine Biografie.* Frankfurt am Main und Leipzig: Insel Verlag, 2001, S. 192.
73   Vaget, S. 47.

3.4 Personenkonstellation und Charakteristiken

Lotte

Lotte ist ein zierliches, blondes, schwarzäugiges und schönes Mädchen, das tüchtig, hilfsbereit und fleißig den verwitweten Vater und die acht Geschwister, für die sie die Mutterstelle vertritt, versorgt. Aber sie liebt auch Tanz, das Klavierspielen und Lesen. Ohne besondere Bildung, aber durchaus mit Interessen (Lektüre), ist sie frühzeitig in familiäre Verantwortung geraten. Dieser Frauentyp begeisterte Goethe beständiger als andere und fand in Christiane Vulpius seine Verkörperung. Die blauen Augen der ursprünglichen Charlotte Buff werden allerdings durch die schwarzen Augen der schönen Maximiliane von La Roche ersetzt, der er nach Lotte seine Aufwartung macht. Lotte ist nicht unschuldig an Werthers Tod: Sie hat ihm unmissverständliche Zeichen ihrer Liebe gegeben. Andererseits ist sie gerade durch ihre soziale Situation gezwungen, gesellschaftliche Normen wie die Ehe zu bedienen und sich in die Konventionen zu fügen.

Scherenschnitt Charlotte Kestners aus Goethes Besitz
© ullstein bild

Albert

Albert ist Lottes Freund; sie gelten als verlobt. Er ist arbeitsam, zielstrebig, genau und zuverlässig, folgt verstandesmäßig dem Leben und sieht deshalb in Werther auch keine Gefahr für seine Liebe zu Lotte, weil derartige Gefühle für ihn vernünftig zu regeln sind. Er ist in jeder seiner Handlungen der vernünftige Bürger des aufgeklärten Zeitalters, insofern der Gegensatz zum Stürmer und Dränger Werther. Lediglich seine Reputation leidet schließlich unter Werthers Besuchen, weshalb er bittet, sie einzuschränken. Im Gegensatz zu Lotte ahnt er nicht, weshalb Werther sich die Pistolen leiht. Selbstmord gehört nicht zu den von ihm bedachten Alternativen. Albert ist Rationalist und Aufklärer, Werther der Stürmer und Dränger.

3.4   Personenkonstellation und Charakteristiken

Wilhelm

Wilhelm ist der Adressat der meisten Briefe Werthers und dessen Vertrauter. Das bedeutet nicht, dass er Werther stets zustimmt. Er spürt frühzeitig die Gefahren und begegnet ihnen, indem er Werther zu tätiger Arbeit und zu ausgeweiteter künstlerischer Beschäftigung anregt. Er versucht, Werther von der gefährlichen Leidenschaft zu Lotte zu lösen. Gegenüber Werther ist er rationaler und kann seine Gefühle besser kontrollieren. Er ist gleichzeitig ein Vertrauter und Berater von Werthers Mutter.

3.5 Sachliche und sprachliche Erläuterungen

Da der Sprachstand des Romans mehr als 200 Jahre alt ist, müssten zahlreiche Wörter und Fügungen erklärt werden. Oft lassen sie sich schnell erschließen (*betriegen* – betrügen, *modeln* – formen); viele Ausdrücke sind in Wörterbüchern nachschlagbar (*simpeln* – einfach, unschuldig; *inkommodieren* – belästigen, *Affektation* – gekünsteltes Wesen), manches ist aus dem Kontext (*schlecht* – krank) zu erklären. Erklärt werden im Folgenden die Begriffe, die neben der sprachlichen Bedeutung eine Funktion für die Handlung haben.

HL S. 3/ R S. 1	**Werther/ Werthers**	Beide Formen des Titels sind richtig: Die Erstausgabe 1774 hatte den Genitiv mit s. Bei der Jubiläumsausgabe 1824 verzichteten Goethe und der Verlag auf diese Form und setzten die modernere, undeklinierte Form *Werther* ein. Sie wurde schließlich auch für die zweite Fassung von 1787 verwendet, die zuerst mit dem alten Titel erschienen war.
HL S. 5/ R S. 3	**Geschichte des armen Werther**	Der Herausgeber entschließt sich zu einer „epischen Vorwegnahme", indem er das Schicksal Werthers andeutet. Er bezeichnet ihn als „Freund" (HL S. 80/ R S. 114); man kann ihn deshalb auch mit Wilhelm identifizieren (am 22. Mai, HL S. 10/R S. 12, wird der Name Wilhelm eingeführt). Wilhelm ist ein bei Goethe beliebter Name, der an Personen vergeben wird, die, wie Werther, Eigenschaften Goethes haben (vgl. Wilhelm Meister). Wilhelm kann im Roman als überlebender, rationaler Goethe, Werther als sterbender, emotionaler gesehen werden.

3.5 Sachliche und sprachliche Erläuterungen

HL S. 5/ R S. 5	**Leonore**	Zur Zeit der Niederschrift des Romans im Februar 1774 schrieb Goethe erstmals an Gottfried August Bürger. Dessen Ballade *Lenore* (1773) war im Göttinger *Musenalmanach auf das Jahr 1774* erschienen, hatte in Deutschland große Aufmerksamkeit gefunden, machte seinen Dichter berühmt und war auch Goethe bekannt.
	ergetzt	ergötzt; eigentl.: Unangenehmes vergessen machen
HL S. 5 f./ R S. 6	**Erbschafts- anteil**	In Werthers Briefen spielen Erbschaften eine Rolle und zeigen seine juristischen Interessen. Hier sind es eigene Erbschaftsfragen; dann ist der Vater der Kinder, die er malt, unterwegs, „um die Erbschaft eines Vetters zu holen" (HL S. 13/R S. 17), die er nicht erhält. Der Bruder der Witwe vertreibt den Bauernburschen aus Sorge, seinen Kindern könne „die Erbschaft" entgehen (HL S. 67/R S. 95). Auch Albert sorgt sich um seine Erbschaft.
HL S. 6/ R S. 6	**Balsam**	dickflüssiges Gemisch aus Harzen und ätherischen Ölen zur Schmerzlinderung oder Parfümherstellung
	Jahrszeit der Jugend	Der Roman vollzieht sich zwischen Mai 1771 und winterlicher Ruhe Dezember 1772, Lebensfreude im Freien und vorweihnachtlichem Familienfrieden im Haus. Die Jahreszeiten haben symbolische Bedeutung.
	Grafen von M.	Der Kammergerichtsprokurator (bevollmächtigter Vertreter des Gerichts) Meckel besaß vor Wetzlar einen parkartigen Garten und ein Haus, das „die Meckelsburg" genannt wurde.[74]

---

74 Nach Rothmann, S. 6.

| 4 REZEPTIONS-GESCHICHTE | 5 MATERIALIEN | 6 PRÜFUNGS-AUFGABEN |

3.5 Sachliche und sprachliche Erläuterungen

HL S. 6/ R S. 6	**ein wissen-schaftlicher Gärtner**	Bis zum Anfang des 18. Jahrhunderts herrschte der formale Garten (Garten im „französischen Stil"), der von architektonisch-geometrischen Mustern geprägt wurde (Versailles). Der Wörlitzer Park, begonnen 1764, ist das erste nennenswerte Beispiel in Mitteleuropa für eine Gartenkunst der Aufklärung (englischer Gartenstil). Die Natur wurde ausgestellt, indem man Bäume und Sträucher planmäßig, aber ungestutzt wachsen ließ. Diese Gartenkunst war von den Ideen Rousseaus beeinflusst. Der Garten bekommt im Roman Symbolwert. In ihm trennt sich Werther von Lotte, um an den Hof zu gehen; Werther sieht Lotte „im Schatten der hohen Lindenbäume" (HL S. 50/R S. 71) entschwinden.
	ein fühlendes Herz	„Herz" wird häufig genannt; „Herz" ist das Synonym für Gefühl, Empfindsamkeit und Natürlichkeit sowie der Gegensatz zu analysierendem Verstand, Sachlichkeit und Konstruktion. Das Herz charakterisiert Werther.
HL S. 7/ R S. 8	**Brunnen**	Die Beschreibung meint den Wildbacher Brunnen in Wetzlar (heute: Goethebrunnen). Er bekommt Symbolbedeutung, denn Werther hat mit Lotte bei diesem Brunnen ein säkularisiertes Erlebnis mythischer Art („wie vor einem Propheten", HL S. 29/R S. 41). Er wird deshalb erinnert (vgl. auch HL S. 8/R S. 10) und zum Symbol urmythischer Erneuerung, in dem sich antik-heidnische, religiöse und mythologische (siehe „Melusine") Vorstellungen vereinen.

| 1 SCHNELLÜBERSICHT | 2 J. W. V. GOETHE: LEBEN UND WERK | 3 TEXTANALYSE UND -INTERPRETATION |

3.5 Sachliche und sprachliche Erläuterungen

| HL S. 7/ R S. 8 | **Melusine** | Meernixe und Tochter der Fee Persine; sie wurde von ihrer Mutter bestraft, immer samstags verwandelt zu werden (halb Frau, halb Fisch), bis sie durch einen Mann erlöst wird. Als ihr Mann sein Versprechen, sie samstags zu meiden, bricht, erkennt er ihre Herkunft, und Melusine entweicht in Drachengestalt. Die französische Sage stammt aus dem späten 14. Jahrhundert, geht aber auf verbreitete Märchen zurück, in denen ein übernatürliches Wesen sich mit einem Menschen verbindet. In deutschen Nacherzählungen ist Melusine in einen Brunnen gebannt. Goethe, dessen Mutter das Volksbuch von der schönen Melusine las, hat das Märchen in Sesenheim erzählt[75] und später in seinen Roman *Wilhelm Meisters Wanderjahre* aufgenommen. |
| | **Töchter der Könige, patriarchalische Idee** | Märchen wie *Der Froschkönig, Das Wasser des Lebens, Frau Holle* und *Märchen aus tausendundeiner Nacht*, antike Sagen und Mythen, Homers *Odyssee* (Nausikaa, die Königstochter, geht zum Fluss, um Wäsche zu waschen) und alttestamentarische Szenen (1. Buch Mose 24, 11–20.) sind mitzudenken. Brunnen und Wasser waren ein Geschenk der Götter oder wurden von Heiligen (Bonifacius) geschaffen. An Brunnen wurden wichtige Entscheidungen getroffen: Die Brautwerbung Rebekkas für Isaak fand dort statt, Jakob und Rachel trafen sich, Joseph ahnt seine Berufung. Griechisch-antike und alttestamentarische Ordnungen stehen für die „patriarchalische Idee" und repräsentieren „patriarchalisches Leben" (HL S. 24/R S. 33), in denen zwischen Menschen und Göttern/Natur eine Übereinkunft bestand. Werthers Glaube ist ein säkularisierter und erweist sich als ein deistisch-aufklärerischer (Gott hat keine Beziehung zur Welt), der bei ihm antike Mythologie, germanische Traditionen und Elemente des Christentums zusammenführt. Zu den Alt- oder Erzvätern (Patriarchen), die ursprünglich für die biblischen Urgeschlechter stehen, zählt Werther auch Homer (HL S. 8/R S. 9). |

— — —

75 Vgl. *Dichtung und Wahrheit*. BA 13, S. 480f.

4 REZEPTIONS-GESCHICHTE	5 MATERIALIEN	6 PRÜFUNGS-AUFGABEN

3.5 Sachliche und sprachliche Erläuterungen

HL S. 7 f./ R S. 9	**meine Bücher/** **Homer**	Die abgelehnten Bücher sind wissenschaftliche und juristische Werke; ihm reicht sein Homer. Es wiederholt sich der Gegensatz der Gärten: Der Wissenschaft steht die Natürlichkeit gegenüber. Hier wird die entscheidende Bedeutung Homers für den Roman begründet. Homer, blinder griechischer Dichter der zweiten Hälfte des 8. Jahrhunderts v. Chr., schrieb die beiden Epen *Ilias* und *Odyssee*. Goethe las in Wetzlar viel in Homers *Odyssee*.
HL S. 8/ R S. 9	**vom Kummer** **zur Aus-** **schweifung** **und von** **süßer Melan-** **cholie zur** **verderblichen** **Leidenschaft**	Melancholie: Schwermut, Trübsinn; griech.: schwarze Galle. Die vier menschlichen Temperamente entsprechen in der Antike vier menschlichen Grundtypen: Phlegmatiker, Sanguiniker, Choleriker und Melancholiker. Werther versteht sich als Verbindung der vier Temperamente und damit als vollkommener Mensch: Kummer (Phlegmatiker), Ausschweifung (Sanguiniker), Melancholiker und Leidenschaft (Choleriker).
	geringen **Leute/Leute** **von einigem** **Stande**	Werther beschreibt die ständische Gliederung (Ständebaum), die streng hierarchisch ist. Indem er sie nicht einhält, bereitet sich der Konflikt mit der adligen Gesellschaft vor.
	Flüchtlinge	oberflächliche (flüchtige), unstete Menschen, auch Narren
HL S. 8/ R S. 10	**Jungfer**	Anrede jungfräulicher, unverheirateter Frauen aus dem Bürgertum; adlige Frauen wurden mit „Fräulein" angesprochen. Goethe entwickelte daraus den ersten Dialog zwischen Faust und Gretchen (s. *Faust I*, V. 2605 f.). Die Frankfurter Polizeiordnung bestimmte, dass Jungfern im Gegensatz zum Fräulein keinen Schmuck tragen durften.
	Kringen	Tragring, ringförmiges Polster, verwandt mit: Kringel (kleiner Kreis)
HL S. 9/ R S. 10	**artig**	Modewort des Sturm und Drang in vielseitiger Bedeutung im Wortfeld „gesittet, folgsam": z. B. niedlich, zierlich, höflich, hübsch, aufmerksam, wohlerzogen, angenehm u. a.; im Roman häufig verwendet.

1 SCHNELLÜBERSICHT	2 J. W. V. GOETHE: LEBEN UND WERK	3 TEXTANALYSE UND -INTERPRETATION

3.5 Sachliche und sprachliche Erläuterungen

HL S. 9/ R S. 11	**Freundin meiner Jugend**	Kurz vor seinem Ende ist Werther dieser Tod im Abschiedsbrief an Lotte gegenwärtig (HL S. 99/R S. 143) Gemeint ist der Tod Henriette von Roussillons, die am 18. April 1773 starb. Goethe hatte die Hofdame der Herzogin von Pfalz-Zweibrücken 1772 in Homburg, Darmstadt und Frankfurt als Urania in Mercks Kreis der „Gemeinschaft der Heiligen" erlebt. Zu der Gemeinschaft gehörten auch Caroline Flachsland („Psyche"), Herders spätere Frau, und Louise Henriette von Ziegler („Lila").
	Herz/ Natur/ Witz/Modifi-kationen/ Stempel des Genies	Es ist eine typische sprachliche Folge des Sturm und Drang: Auf der Grundlage des Gefühls (Herz) entwickelt sich der Verstand (Witz) in seinen unterschiedlichen Erscheinungsformen (Modifikationen), um dann beim Genie anzulangen, wenn die natürliche Begabung des Menschen es ermöglicht und er die Konventionen verlässt. Den Sturm und Drang nannte man auch „Geniezeit", die führenden Vertreter „Originalgenies" (Goethe, Lenz, Klinger u. a.).
	Akademien/ wisse mehr als andere/flei-ßig/hübsche Kenntnisse	Damit wird der Gegensatz zum Genie beschrieben, der Philister, der sich an das Studium auf der Universität (Akademie) und das Regelwerk hält (Fausts Famulus Wagner, Albert).
HL S. 9/ R S. 11 f.	**Batteux/ Wood/ de Piles/ Winckelmann/ Sulzer/Heyne**	Mögliche Regelwerke des Philisters werden aufgezählt. Es handelt sich um französische, englische und deutsche Kunsttheoretiker, die Regeln und Ordnungen entwickelten. Für Goethe wichtig wurde später Johann Joachim Winckelmann (1717–1768). Christian Gottlob Heyne (1729–1812): Altphilologe, seit 1763 in Göttingen, und für den jungen Goethe 1765 Ziel des Studienwunsches, nach 1800 für Goethe ein wichtiger Partner bei der Beobachtung der Beziehung zwischen Poesie und bildender Kunst.

| 4 REZEPTIONS-GESCHICHTE | 5 MATERIALIEN | 6 PRÜFUNGS-AUFGABEN |

3.5 Sachliche und sprachliche Erläuterungen

HL S. 10/ R S. 12	**brav**	Modewort des ausgehenden 18. Jahrhunderts, in Zitaten (Schillers *Wilhelm Tell*: „Der brave Mann denkt an sich selbst zuletzt") und Titeln (Bürgers *Lied vom braven Mann*, 1778) zu finden. Vieldeutig: wild, unbändig, wacker, fürsorglich u. a. Keineswegs im heutigen Sinne mit „langweilig" zu verwechseln.
	Amtmann	Verwaltungsbeamter; in Goethes Leben war dieser Amtmann Henrich Adam Buff (1711–1795), der im „Deutschen Haus" der Deutschordensritter die Güter des Ordens in der Umgebung von Wetzlar verwaltete. Heute das Lottehaus (Lottestr. 8) mit einer Sammlung zu Goethe und Charlotte Buff.
	Wenn ich die Einschränkung ...	Indem Goethe Satzzeichen in der zweiten Fassung ändert, wird die Periode durch einen Hauptsatz, der demonstrativ eingeleitet wird („... bemalt – Das alles, Wilhelm, macht mich stumm.", HL S. 10/R S. 12) vollkommen. Diesen Stil, der die Ordnung suggeriert, in der Werther bisher gelebt hat, setzt er in den nächsten Absätzen fort. Noch ist Werther in der Lage, grammatisch folgerichtig zu formulieren. Das wird nach der Begegnung mit Lotte anders.
	die Wände, zwischen denen man gefangen sitzt, mit bunten Gestalten und lichten Aussichten bemalt	Das erinnert an Platons Höhlengleichnis, in dem der gefangene Mensch nur die Schatten auf der Wand der Höhle erkennt, wenn hinter ihm ein Feuer brennt.
HL S. 11/ R S. 14	**Wahlheim**	Der Herausgeber weist auf den Namenswechsel hin und bleibt dadurch für den Leser gegenwärtig. Tatsächlich handelt es sich um Garbenheim, heute in Wetzlar eingemeindet.

1 SCHNELLÜBERSICHT	2 J. W. V. GOETHE: LEBEN UND WERK	3 TEXTANALYSE UND -INTERPRETATION

3.5 Sachliche und sprachliche Erläuterungen

HL S. 12/ R S. 15	**allein an die Natur halten**	Werther bekennt sich zur Ästhetik und Widerspieg-lungstheorie der Gegenwart, die vor allem von Rousseau (*Contrat social* – Gesellschaftsvertrag) beeinflusst wurde; er trennt sich von der systematisie-renden Kunstwissenschaft.
	Regel/bürger-liche Gesell-schaft/Natur	Werther sieht über die sich formierende bürgerliche Gesellschaft hinaus, wenn er sie mit der Nützlichkeit einer Regel vergleicht und anerkennt, ihr aber vor-wirft, „das wahre Gefühl von Natur" zu „zerstören". Dem entspricht die Formulierung, dass ein „Philister" ein Mann der Ordnung (Regel) „in einem öffentlichen Amte" ist.
HL S. 13/ R S. 16 f.	**Weck u. a.**	Weizenbrötchen in länglicher Form, süddeutscher Begriff; in der Szene mit der einfachen Frau werden mehrere süddeutsche Begriffe und vor allem im Süd-deutschen übliche Diminutive verwendet, um den Ori-ginalcharakter und das einfache Volk zu beschreiben (*Scharre* = das aus dem Topf Gescharrte; *Pfännchen, Süppchen*).
HL S. 16/ R S. 21	**Ball auf dem Lande**	Der tatsächliche Ball fand am 9. Juni 1772 im Jagd-haus in Volpertshausen statt. Goethe fuhr mit entfern-ten Verwandten, den Töchtern seiner Großtante, der Hofrätin Susanne Cornelia Lange („meine Tante", HL S. 5/R S. 6), dorthin; sie holten unterwegs gemeinsam Charlotte Sophie Henriette Buff (1753–1828), Tochter des Amtmanns Henrich Adam Buff (1711–1795), ab. Johann Georg Christian Kestner (1741–1800), Kam-mergerichtssekretär und Mitglied der hannoverschen Gesandtschaft in Wetzlar, der sich mit Charlotte ver-bunden fühlte, kam entgegen dem Roman später auf den Ball. An dem Ball nahm auch Jerusalem teil.
	einem hie-sigen guten, schönen, übrigens un-bedeutenden Mädchen	Es war die Tochter der Großtante, die siebzehnjährige Johannette Lange, die Goethe vor Lotte umwarb.

| 4 REZEPTIONS-GESCHICHTE | 5 MATERIALIEN | 6 PRÜFUNGS-AUFGABEN |

3.5   Sachliche und sprachliche Erläuterungen

HL S. 17/ R S. 22	**weißes Kleid, mit blassroten Schleifen**	Das Ballkleid Lottes ist ähnlich berühmt geworden wie die Werther-Kleidung und eines der folgenreichsten Leitmotive: Das weiße Kleid mit blassrosa Schleifen verbindet sich mit dem ebenso berühmten Symbol des Brotschneidens, das von der bildenden Kunst immer wieder verwendet wurde. Diese Motive haben einen in der Literatur einzigartigen Weg genommen. Sie sind aus Goethes Roman in Thomas Manns *Lotte in Weimar* gewandert. Als Thomas Mann die Begegnung zwischen Goethe und Lotte 1816 beschrieb, ließ er sie „in dem weißen, fließenden, aber nur knöchellangen, vor der Brust mit einer Agraffe faltig gerafften Kleide mit dem blassrosa Schleifenbesatz" erscheinen (Berlin: Aufbau, 1963, S. 357).
HL S. 18/ R S. 24	**Miss Jenny**	Anspielung auf den zeitgenössischen französischen Moderoman Marie-Jeanne Riccobonis *Histoire de Miss Jenny Glanville* (1764, übersetzt von Johann Gottfried Gellius); steht für die empfindsamen Romane der Art des Engländers Richardson.
HL S. 19/ R S. 25	**Landpriester von Wakefield**	Oliver Goldsmiths *Der Landprediger von Wakefield* (1766) hatte Goethe 1770 durch Herder kennengelernt und ging darauf ausführlich in *Dichtung und Wahrheit* (BA 13, S. 459–463) ein. Einzelne Episoden in Goethes Roman ähneln solchen bei Goldsmith: Werther trifft einen Studenten, der sich an ihn hält, da er zeichne und Griechisch könne („zwei Meteore hierzulande", HL S. 9/R S. 11). In Goldsmith' Roman erfährt ein junger Akademiker, dass in Löwen „nicht zwei Männer zu finden seien, die Griechisch verständen" (Goldsmith: *Der Landprediger von Wakefield*. Berlin: Gefion Verlag, o. J., S. 163)

| 1 SCHNELLÜBERSICHT | 2 J. W. V. GOETHE: LEBEN UND WERK | 3 TEXTANALYSE UND -INTERPRETATION |

3.5 Sachliche und sprachliche Erläuterungen

HL S. 19/ R S. 26	**Menuetts u. a.**	Begriffe vom Tanz, hier: Einzelpaartänze, Contretanz; Tanz, bei denen sich die Tänzer begegnen und wieder lösen, der sich nach 1750 auch bei Volksfesten verbreitete. Eine extreme Form des Contretanz wurde der Cancan. Es gab den *Englischen*, den *Französischen* und den *Deutschen* Contretanz. Chapeau – franz.: Hut, vertraulich: Tanzherr. – „die große Achte" (HL S. 20/R S. 28): Figur im Contretanz, Promenade – Teil des Tanzes, Tänzer promenieren, d. h. gehen normal.
HL S. 22/ R S. 30	**Klopstock/ herrliche Ode/ wonnevollste Tränen**	Friedrich Gottlieb Klopstock (1724–1803) war ein bekannter Lyriker, der eine große Anhängerschar hatte. Mit den Themen seiner Gedichte (Landschaft, Naturereignisse, Gefühle, Idyllen) traf er die Erwartungen der jungen Menschen, besonders der Stürmer und Dränger. Es reicht die Namensnennung, damit sich Werther und Lotte einig sind, denn in der *Frühlingsfeier* (1758) werden viele „Freudentränen" über die Schönheit der Welt vergossen. In der Ode wird ein nächtliches Gewitter beschrieben, aus dem die Welt „erquickt" entsteht und – wie später in Goethes *Prometheus* – die Hütte des Sprechenden (des lyrischen Subjekts) erhalten bleibt: „Aber nicht unsre Hütte!/Unser Vater gebot/Seinem Verderber/Vor unsrer Hütte vorüberzugehn!". In Weimar wurde Goethe 1776 von Klopstock wegen seines Lebenswandels gerügt und, da er die Rüge nicht annahm, mit Feindschaft bedacht.
HL S. 24/ R S. 33	**die übermütigen Freier der Penelope**	Bezieht sich fast wörtlich auf Homers *Odyssee*, 2., Vers 299 und 20. Gesang, Vers 251 f. Penelope, die Frau des Odysseus, wird, während ihr Mann im Mittelmeer umhergetrieben wird, von zahlreichen Freiern bedrängt, die Odysseus nach seiner Rückkehr erschießt.

4 REZEPTIONS-GESCHICHTE	5 MATERIALIEN	6 PRÜFUNGS-AUFGABEN

3.5 Sachliche und sprachliche Erläuterungen

HL S. 25/ R S. 34	**des Lehrers der Men-schen/Wenn ihr nicht wer-det wie eines von diesen (Kindern)**	Variation zum Neuen Testament, Matthäus 18,3. Der Lehrer der Menschen ist jedoch nicht nur Jesus, son-dern auch Rousseaus, dessen „stille Gemeinde weit und breit" (BA 13, S. 600) Goethe erlebt. Das Bibel-wort bezieht sich auch auf Rousseaus *Emile oder Von der Erziehung* (1762) und den Gedanken der „negati-ven Erziehung", die Werther an Lottes Geschwistern übt. Darunter ist der Schutz der Kinder vor der schäd-lichen Erziehung der Zivilisation zu verstehen; von ihr befreit, werden sie zu Mustern der „natürlichen Erziehung".
	radotieren	schwätzen, leeres Gerede machen; vgl.: „Radotage" (HL S. 40/R S. 56): Geschwätz
HL S. 25/ R S. 35	**Quakelchen**	Nesthäkchen (quäkendes Kind)
HL S. 26/ R S. 36	**Fratzen**	hier: Possen, albernes Gerede; sonst: verzerrtes Gesicht, auch als „der Fratze" (HL S. 36/R S. 49) für Werther als Possenreißer, weil er sich einbildete, Ansprüche auf Lotte zu haben.
HL S. 27/ R S. 38	**von Lavatern (…) über das Buch Jonas**	Der Herausgeber weist auf eine Predigt Lavaters *Mit-tel gegen Unzufriedenheit und üble Laune* (1773) hin. Diese Predigt befand sich in Lavaters *Predigten über das Buch Jonas* (1773), das Goethes Mutter von Lava-ter erworben hatte. Erste Erwähnung des mit Goethe zu der Zeit befreundeten Schriftstellers und Verfas-sers der *Physiognomischen Fragmente* (1775–1778) im Roman.
HL S. 30/ R S. 41 f.	**Lottens schwarzen Augen**	Die Augenfarbe wurde für die Lotte des Romans von Maximiliane La Roche genommen; Charlotte Buff hatte blaue Augen.

1 SCHNELLÜBERSICHT	2 J. W. V. GOETHE: LEBEN UND WERK	3 TEXTANALYSE UND -INTERPRETATION

3.5 Sachliche und sprachliche Erläuterungen

HL S. 30/ R S. 42	**Ossian**	Der schottische Lehrer und Dichter James Macpherson (1736–1796) ahmte gälische Volksdichtung nach und gab sie 1761–1765 als Werke eine legendären keltischen Sängers namens Ossian aus. Die Sammlung wurde vom Sturm und Drang, Herder und Klopstock gefeiert, obwohl man die Fälschung ahnte. Einen Dichter Ossian gab es nicht; ein altirischer Sagenkreis, der von einem blinden, greisen Sänger weitergegeben worden sein soll, war seit dem Mittelalter vorhanden; Vergleichbares findet sich aber auch in anderen Kulturen (Homer). Es ist die erste Erwähnung im Roman; von nun an sind Ossian und Homer Ausdruck zweier gegensätzlicher Welten (vgl. HL S. 70/R S. 100), aus dem Heldengesang werden Totengesänge, die auch Totenbeschwörung sind: „(…) rede ihr Geister der Toten!" (BA 9, S. 253). 1773 gaben Goethe und Johann Heinrich Merck die Bände I und II einer englischen Neuausgabe des *Ossian* heraus. Im gleichen Jahr erschien Herders *Auszug aus einem Briefwechsel über Ossian und die Lieder alter Völker* in der Sammel- und Programmschrift des Sturm und Drang *Von deutscher Art und Kunst*.
HL S. 32/ R S. 44	**der Degen genommen**	Bei Niederlagen oder in Gefangenschaft gaben Offiziere als Zeichen der Unterwerfung ihre Degen ab. Gefangennahmen erfolgten, wie in Goethes *Egmont* durch Alba, mit dem Befehl „Halt, Egmont! Deinen Degen!"
HL S. 33/ R S. 46	**Bononischen Steine**	Leuchtender Schwerspat, entdeckt von einem Schuster aus Bologna, deshalb Bononischer oder Bologneser Stein genannt; Goethe beschreibt ihn in seiner *Italienischen Reise* (20. Oktober 1786).
	Surtout	franz.: Überrock

| 4 REZEPTIONS-GESCHICHTE | 5 MATERIALIEN | 6 PRÜFUNGSAUFGABEN |

3.5 Sachliche und sprachliche Erläuterungen

| HL S. 34/
R S. 47 | **Schattenriss** | Nach Lavaters Physiognomielehre waren Schattenrisse das entscheidende Material für die Beurteilung des Menschen; in einem schönen Profil komme eine schöne Seele zum Ausdruck. Es war eine beliebte Beschäftigung, sich gegenseitig zu schneiden und die Schattenrisse als Zeichen von Freundschaft und Vertrautheit einander zu schenken. Goethe fertigte einen Schattenriss von Lotte an und war an Lavaters Untersuchungen beteiligt, mit dem er seit 1773 in Verbindung stand. Die Szene im Roman geht vermutlich direkt auf Lavater zurück. Dieser kritisierte an den Malern, sie arbeiteten nicht wahr genug; seine Schattenrisse dagegen galten ihm als wissenschaftliches Material. So versagt auch Werther als Maler, nicht aber beim Schattenriss. Vgl. *Dichtung und Wahrheit*, 14. Buch (BA 13, S. 652). Lottes Schattenriss begleitet Werther bis zuletzt und wird zum Symbol seiner Leidenschaft. Werther wendet im Brief vom 8. August seine Kenntnisse von der Physiognomie an, wenn er von „Abfällen" (Abstufungen) der „Habichts- und Stumpfnase" spricht (HL S. 36/R S. 50). Auch Goethes Bekanntschaft mit Charlotte von Stein begann mit einem Schattenriss: Im Juli 1775 gab ihm ein Freund Lavaters, der Arzt Johann Georg Zimmermann, Schattenrisse der Frau von Stein und Maria Antonia von Branconis – der Mätresse des Erbprinzen von Braunschweig –, zu denen Goethe eine Beschreibung lieferte. Über die Schattenrisse (Silhouetten) als Sinnbild des Menschen machte sich Lichtenberg lustig und parodierte 1779 Lavaters Lehre, indem er ein *Fragment von Schwänzen* schrieb, in dem er Tier- und Burschenschwänze als Schattenriss abbildete und erklärte, darunter einen Goethes. Auch stellte er Aufgaben wie: „Welchen würde Homer wählen, wenn er wiederkäme?"[76] |

---

76 Georg Christoph Lichtenberg: *Werke*. Berlin und Weimar. Aufbau Verlag, 4. Auflage, 1982, S. 290.

3.5 Sachliche und sprachliche Erläuterungen

HL S. 34/ R S. 47	**Sand**	Mit Sand wurde Tinte gelöscht.
HL S. 35/ R S. 48	**Magnetenberg**	Findet sich in indischen und chinesischen Märchen, auch in *Tausendundeine Nacht*, im *Gudrunlied* und im *Volksbuch vom Herzog Ernst*. Es war die Lieblings- geschichte von Goethes Mutter.
HL S. 35/ R S. 49	**Prätension**	Anspruch
HL S. 38/ R S. 52 f.	**Pistolen, Terzerole**	Das Terzerole ist eine kleine Pistole; es ist gegen Ende des ersten Buches die Parallelszene zum Ende des zweiten Buches, als Werther sich die Pistolen für den Selbstmord borgt.
HL S. 41/ R S. 57	**ein gutes junges Geschöpf**	Die wahre Begebenheit betraf die in der Nähe von Goethes Geburtshaus wohnende, vierundzwanzigjäh- rige Schreinertochter Anna Elisabeth Stöber, die sich 1769 aus Liebeskummer ertränkte; vgl. BA 9, S. 645.
HL S. 42/ R S. 59	**Prinzessin, die von Händen bedient wird**	Märchen von einer gefangenen Prinzessin, die von Händen versorgt wird, die aus der Zimmerdecke wachsen.[77]
HL S. 43/ R S. 60	**Inzidentpunkt**	Vorfall, Einzelheit in einem Vorgang; juristischer Fachausdruck
HL S. 46/ R S. 64	**eine der blassroten Schleifen**	Das Motiv wird ein letztes Mal in Werthers Abschieds- brief erwähnt (HL S. 105/R S. 152).
	Duodez u. a.	Kleines Buchformat; gemeint ist die zweibändige, zweisprachige (Lateinisch und Griechisch) Homer- Ausgabe des Amsterdamer Buchdruckers J. H. Wetstein im Gegensatz zur Ernestischen Ausgabe, die fünfbändig ist (umfangreiche Kommentare).

---

77 Vgl. auch Rothmann, S. 39.

4 REZEPTIONS- GESCHICHTE	5 MATERIALIEN	6 PRÜFUNGS- AUFGABEN

3.5 Sachliche und sprachliche Erläuterungen

HL S. 47/ R S. 65	einen jähen Berg	Die Ersteigung eines hohen Berges wird im 19. Jahrhundert in der Literatur zunehmend das Symbol für Selbstbefreiung, die allerdings tödlich enden kann (vgl. Dramen Henrik Ibsens wie *Brand* oder *Wenn wir Toten erwachen*). Nach der Liebesszene mit Lotte und vor seinem Selbstmord ersteigt Werther in der Nacht außerhalb der Stadt einen Felsen, bei dem man sich wunderte, dass er „ohne zu stürzen" hinaufgekommen ist (HL S. 99/R S. 143).
HL S. 47/ R S. 66	das härene Gewand und der Stachel- gürtel	Merkmale von Einsiedlern und der Buße; nach 2. Korinther, 12,7 dient der „Stachel im Fleisch" dazu, nicht selbstherrlich zu werden.
	Ich werde sie nicht wieder- sehn	Goethe verließ Wetzlar am gleichen Tag, nur einen Tag später, als der Roman handelt (11. September 1772). Damit ist die parallele Handlung zwischen Goethe/Charlotte Buff und dem Roman zu Ende.
HL S. 48/ R S. 67	Boskett	franz.: Büsche in Parkanlagen, Lustwäldchen
HL S. 51/ R S. 72	der Gesandte	Jerusalems Liebe zu Elisabeth Herd und sein Selbstmord dienten dem zweiten Buch als Vorlage. Jerusalems Vorgesetzter war der braunschweigische Gesandte von Hoefler.
	herum- schwadro- nieren	prahlen, übertreiben

DIE LEIDEN DES JUNGEN WERTHER

	1 SCHNELLÜBERSICHT	2 J. W. V. GOETHE: LEBEN UND WERK	3 TEXTANALYSE UND -INTERPRETATION

3.5 Sachliche und sprachliche Erläuterungen

HL S. 52/ R S. 74	**Partikel, Inversionen, seinen Perioden u. a.**	Werther beschreibt seinen Schreib- und Sprachstil, der repräsentativ für den Sturm und Drang ist. Partikel = nicht beugbares Wort (z. B. Präpositionen), Inversionen = Umstellung normaler Wortstellung zugunsten einer besonderen Betonung, vorwiegend in der Abfolge Personalform des Verbs und Subjekt („Bin ich", „Kann ich sagen ..."), aber auch Erststellung von Adverbien („Und da käme ein Philister ...", HL S. 12/R S. 15); Periode (damals: der Period(e)] = Gesamtsatz aus mehreren Teilsätzen, besonders beliebt im *Werther*, da dadurch Satzgebirge entstehen, die den Erzähler zu erschlagen drohen oder ihn verstummen lassen: „Wenn ich die Einschränkung ansehe ... wenn ich sehe ... und dann, dass alle ... Das alles, Wilhelm, macht mich stumm." HL S. 10/R S. 12). Herder forderte die Inversion als besonderes Stilmittel für die zeitgenössische Literatur. Werthers Brief erinnert an eine Stelle aus Herders *Auszug aus einem Briefwechsel über Ossian und die Lieder alter Völker,* in der Herder Elisionen fordert und ähnlich wie Werther plädiert[78].
HL S. 53/ R S. 75	**Deraisonnement**	Geschwätz, dummes Gerede, Gefasel
	das glänzende Elend	Die Formulierung stammt aus mystischem Denken; in seinem geistlichen Lied *Die Verachtung der Welt* hatte Gerhard Tersteegen (1729) die gierige Sucht nach Geld im Gegensatz zu christlicher Bescheidenheit mit diesem Begriff versehen. Goethe benutzte das Begriffspaar für die hohle Adelswelt.

---

78 „(...) uns quälen diese schleppenden Artikeln, Partikeln usw. oft so sehr und hindern den Gang des Sinns und der Leidenschaft". In: *Von Deutscher Art und Kunst.* Hamburg 1773, Leipzig: Reclam, 1960, S. 47.

4 REZEPTIONS-GESCHICHTE	5 MATERIALIEN	6 PRÜFUNGS-AUFGABEN

3.5 Sachliche und sprachliche Erläuterungen

HL S. 54/R S. 76	**Fräulein von B.**	Wahrscheinlich Louise Henriette von Ziegler (1750–1814), die als „Lila" zu Mercks „Gemeinschaft der Heiligen" gehörte, bis zu ihrer Heirat 1774 Hofdame in Darmstadt. Als sie den Offizier Gustav von Stockhausen 1774 heiratete, meinte sie, damit Goethe unglücklich zu machen. Herders spätere Frau Caroline Flachsland hätte Goethe gern mit Louise von Ziegler verheiratet.[79]
	Physiognomie	Äußere Erscheinung des Menschen, vor allem Gesichtsausdruck; Gegenstand der Forschungen Lavaters (vgl. „Schattenriss", HL S. 34/R S. 47).
HL S. 54/R S. 77	**ehernes, eisernes Jahrhundert**	Die Entwicklungsperioden des Menschengeschlechts nach Hesiod werden hier auf ein Menschenleben übertragen: Dem goldenen und silbernen Jahrhundert folgen das eherne (das kriegerische Zeitalter der Menschheit; hier: die Ehejahre) und das eiserne (die Menschen ringen um ihre Existenz, hier: die Witwenjahre).
HL S. 55/R S. 78	**Marionette**	Werther hatte einen Doktor, der sich ganz in den Konventionen bewegte, als „dogmatische Drahtpuppe" bezeichnet (29.6.1771; HL S. 24/R S. 33). Das war für ihn und seine ungebundene Lebensführung der denkbar größte Gegensatz, weil der Mensch seiner Willensfreiheit beraubt worden ist. Nun sieht er sich selbst in dieser Rolle. 1810 ging Heinrich von Kleist in seinem Essay *Über das Marionettentheater* auf den Vorgang ein und stellte den Verlust einer unbegrenzt lebenden einer sich selbst bespiegelten Individualität gegenüber.
	warum ich aufstehe (...)	Hier wird das Grundproblem Werthers berührt; er hat es schon mehrfach reflektiert (vgl. HL S. 5/R S. 5). Georg Büchners Danton sagt fast wörtlich entsprechend in *Dantons Tod* (2. Akt, Beginn) „Das ist sehr langweilig (...) des Abends immer ins Bett und morgens wieder herauszukriechen."

---

79 Vgl. Caroline Flachsland an Herder am 8. Mai 1772. In: Bode, Bd. 1, S. 27.

| 1 SCHNELLÜBERSICHT | 2 J. W. V. GOETHE: LEBEN UND WERK | 3 TEXTANALYSE UND -INTERPRETATION |

3.5 Sachliche und sprachliche Erläuterungen

HL S. 58/ R S. 82	**Krönungszeiten Franz des Ersten**	Franz I. (1708–1765), der Mann Maria Theresias, wurde 1745 zum deutschen Kaiser gekrönt. Im ältesten Schema zu seiner Biografie nannte ihn Goethe als wichtige Gestalt seines Lebens. Baron F. trägt also eine völlig überalterte Kleidung.
	übel fournierten	schlecht belieferten, versorgten
HL S. 58/ R S. 83	**Ulyss von dem trefflichen Schweinhirten**	Im 14. Gesang von Homers *Odyssee* (Ulyss ist die lateinische Form für Odysseus) wird der heimkehrende Odysseus vom Schweinehirt Eumaios, der seinen Herrn nicht erkennt, mit gebratenen Ferkeln und Wein versorgt.
HL S. 60/ R S. 86	**der Fürst**	Der Fürst trägt Züge des Erbprinzen von Braunschweig, Karl Wilhelm Ferdinand (1735–1806), der als General der Infanterie seit 1773 in preußischen Diensten stand (*General in ***schen Diensten*, HL S. 63/R S. 90). In seinen Diensten stand Jerusalem. Der Fürst holte 1770 Lessing nach Wolfenbüttel und stellte ihn als Bibliothekar ein. Goethe hatte erst in späterer Zeit Kontakt zum Fürsten, vor allem aber mit dessen schöner Mätresse Branconi. Der Erbprinz und diese Mätresse waren von Lessing mindestens ansatzweise in *Emilia Galotti* als Vorbild benutzt worden; das Stück liegt am Ende des Romans aufgeschlagen vor dem toten Werther. Die Skurrilität des Fürsten, die „wunderlichen Menschen" um ihn (HL S. 63/R S. 89) und anderes weisen auch auf den Landgrafen von Hessen-Darmstadt Ludwig IX. (1719–1790) hin, der seit 1744 in preußischen Diensten stand und in Pirmasens unter den geschilderten Umständen wohnte. Goethe kannte ihn durch Merck und besuchte den Hof der Landgräfin Karoline in Darmstadt um 1772 mehrfach.
HL S. 61/ R S. 87	**Erbprinz**	Der Erbprinz von Braunschweig, Karl Wilhelm Ferdinand, hatte seit 1773 die zerrütteten Finanzen seines Landes wieder in Ordnung gebracht. Er versuchte, Jerusalem in seinen Diensten zu halten.

| 4 REZEPTIONS-GESCHICHTE | 5 MATERIALIEN | 6 PRÜFUNGS-AUFGABEN |

3.5 Sachliche und sprachliche Erläuterungen

HL S. 61/ R S. 87	**Pilgrim**	Gehoben, heute veraltet für „Pilger", abgeleitet von lat. „peregrinus" (der Fremde). In Mercks Freundeskreis wurde Goethe nicht zuletzt wegen seines Gedichts *Pilgers Morgenlied* als „Pilgrim" gesehen.[80]
HL S. 62/ R S. 89	**Altväter**	Ursprünglich sind Patriarchen die Altväter (vgl. Anmerkung zu S. 7/8), Goethe rechnet auch Dichter wie Homer dazu.
HL S. 69/ R S. 99	**Kanons meliert**	Goethe persifliert in der „Frau des neuen Pfarrers" (HL S. 69/R S. 99) die Frankfurter Pietistin Johanna Dorothea Griesbach (1726–1775), über die er kein günstiges Urteil fällte.[81] Sie mischte sich in die kritische Betrachtung des Kanons, die von der Kirche offiziell anerkannten Bücher, ein. Der Engländer Benjamin Kennikott, der Hallenser Professor Johann Salomo Semler und der Göttinger Orientalist Johann David Michaelis (HL S. 70/R S. 99) waren Vertreter der aufklärerischen Theologie. Zu diesen Bemühungen gehörten auch „Lavaters Schwärmereien" (HL S. 69/R S. 99), die von der Pfarrerin mit Achselzucken abgetan werden, denen Goethe in dieser Zeit mit großem Verständnis und begeisterter Freundschaft begegnete; später tat er Lavater „wie einen Schwindler ab"[82].
HL S. 70/ R S. 99	**Prätensionen**	juristisch: Ansprüche
HL S. 70/ R S. 100	**Ossian**	Vgl. Anmerkung zu S. 30/42. Ossians Welt ist nördlich, nächtlich und wild. An der Stelle von Göttern wirkt eine unerbittliche, auf den Tod ausgerichtete Natur. Barden (altkeltische Sänger) erhalten das Andenken an die Helden, die jung untergehen, um desto glänzender in den Gesängen bewahrt werden zu können. In Werthers Brief mischen sich eigene Vorstellungen mit Zitaten Ossians.

---

80 Louise von Stockhausen (geb. Ziegler) fragt 1778 bei Caroline Herder nach, was „Goethe, der liebe Pilgrim" mache. Vgl. Bode, Bd. 1, S. 25.
81 Vgl. BA 9, S. 647, Anmerkung zum 15. September.
82 Friedenthal, S. 184.

3.5 Sachliche und sprachliche Erläuterungen

HL S. 73/ R S. 104	**verlechter Eimer**	Rissiger, ausgetrockneter, undichter Holzeimer; verwandt mit *Leck* und *lechzen*.
HL S. 74/ R S. 105	**Religion**	Werther erweist sich als bibel- und religionskundig, ohne in der Religion Trost zu finden. Goethe berief sich auf eine eigene Religion, die eine Mischung aus verschiedenen, auch mystischen und kabbalistischen Denkmöglichkeiten war (vgl. *Dichtung und Wahrheit*, 8. Buch, in: BA 13, S. 379). In seinem Brief verwendet Werther nacheinander aus dem Neuen Testament Johannes 6, Vers 37, 44, 65 und 17, Vers 24, Matthäus 26, Vers 39 und 27, Vers 46, außerdem aus dem Alten Testament Psalm 104, Vers 2. Werther trägt Züge eines säkularisierten Christus oder, wie Lenz treffend sagte, eines „gekreuzigten Prometheus".
HL S. 77/ R S. 109	**General- staaten**	Regierung der Vereinigten Niederlande, bis 1795 offi- zielle Bezeichnung; als Anspielung auf den Reichtum der Niederlande gemeint.
HL S. 79/ R S. 112	**die alte himmelsüße Melodie**	Werthers veränderter Zustand wird in seinem Ver- hältnis zu Lottes Klavierspiel deutlich. Lottes „Leib- lied" (HL S. 32/R S. 45) heilte Werther am 16. Juli 1771 von „aller Pein, Verwirrung und Grillen" (HL S. 32/R S. 45). Nun verdrängt die gleiche Melodie das „Trostgefühl", macht Verdruss und „fehlgeschlagene Hoffnungen" frei (HL S. 79/R S. 112) und scheint bei Werther aggressives Verlangen freizusetzen.
	ihr Trauring fiel mir ins Gesicht	So viel wie: ihr Trauring fiel mir auf, fiel mir in die Au- gen; keinesfalls: der Trauring fiel wirklich vom Finger.
HL S. 83/ R S. 119	**Du bist nicht zu retten (...) wir**	Werther geht vom Singular in den Plural über und sieht sich in einem ähnlichen Schicksal wie der Knecht. Die Funktion der Parallelhandlung wird offenkundig.
HL S. 84/ R S. 120	**nicht gerecht (...) Gerech- tigkeit**	Werther gibt seine juristische Verantwortung auf, Albert steht zu ihr. Der Unterschied beider wird zum grundsätzlichen Gegensatz.

| 4 REZEPTIONS-GESCHICHTE | 5 MATERIALIEN | 6 PRÜFUNGS-AUFGABEN |

3.5   Sachliche und sprachliche Erläuterungen

HL S. 87/ R S. 126	**Wachsstöckchen**	gezogene, dünne Wachslichter
HL S. 90/ R S. 129	**Kontos zu fordern**	Abrechnungen erledigen
HL S. 92/ R S. 133 ff.	**Gesänge Ossians**	Es sind die *Songs of Selma*, die Goethe in Straßburg übersetzt hatte. Sie haben weniger einen Inhalt als mehr eine Stimmung. Klagen um tote Freunde deuten Werthers Hoffnung an, man möchte auch ihn so betrauern. Die Häufung von Namen hat für die Handlung kaum Bedeutung; es kommt auf die Stimmung an, die durch die Gesänge vermittelt wird.
HL S. 100/ R S. 145	**wir werden uns wiedersehen**	Gegen Ende des Romans wiederholen sich Begegnungen (Bauernburschenepisode) und Erinnerungen (Begräbnis der „Freundin der Jugend", HL S. 9 und S. 99/R S. 11 und S. 143); auch Werthers Hoffnung auf ein Weiterleben wiederholt sich (HL S. 51/R S. 72).
HL S. 105/ R S. 151	**Priester/Levit/ Samariter**	Vgl. Lukas 10, 30–33: Während Priester und Levit (Priester aus dem Stamme der Levi) an einem Überfallenen vorbeigehen, hilft ihm ein Samariter (Einwohner aus Samaria, der auch die Feinde liebt). Es wird Werthers säkularisiertes Menschenbild erkennbar, zumal er sich kurz zuvor selbst von den „frommen Christen" ausschließt: Während die zur Nächstenliebe verpflichteten, christlichen Repräsentanten „sich segnend" vorübergehen, weint der Samariter „eine Träne", Zeichen der Übereinstimmung mit dem Toten.
HL S. 106/ R S. 153	**Ader am Arme**	Zur Entlastung des Kreislaufs lässt man Werther zur Ader. Es wird das Bild aufgenommen, das Werther schon einmal von Pferden auf sich übertrug: Pferde hätten sich eine Ader aufgebissen, um sich „zum Atmen zu helfen", „(...) ich möchte mir eine Ader öffnen, die mir die ewige Freiheit schaffte" (HL S. 60/R S. 85).

DIE LEIDEN DES JUNGEN WERTHER

| 1 SCHNELLÜBERSICHT | 2 J. W. V. GOETHE: LEBEN UND WERK | 3 TEXTANALYSE UND -INTERPRETATION |

3.5 Sachliche und sprachliche Erläuterungen

| HL S. 106/ R S. 153 | „Emilia Galotti" | Trauerspiel von Lessing (1772); Goethes Urteil über das Stück war unterschiedlich. Gegen Ende seines Lebens verglich er es mit einer „Mumie", die man auf bewahre. Kurz nach dem Erscheinen war er, wie viele andere, jedoch begeistert. Auch Jerusalem hatte es bei seinem Selbstmord auf dem Pult liegen, daneben ein eigenes Manuskript mit dem Titel *Von der Freiheit*[83]. Emilia Galotti fordert von ihrem Vater den Tod, weil sie sowohl ihre Tugend erhalten als sich auch dem sinnlichen Verlangen, mit dem sie dem Prinzen zu verfallen droht oder schon ist, entgehen will. Insofern ist ihr Tod dem von Werther ähnlich. Beide benutzen ihre letzte Entscheidung für „ewige Freiheit". |

---

83   Vgl. Rothmann, S. 105.

| 4 REZEPTIONS-
GESCHICHTE | 5 MATERIALIEN | 6 PRÜFUNGS-
AUFGABEN |

3.6   Stil und Sprache

3.6 Stil und Sprache

**ZUSAMMEN-
FASSUNG**

Werther verwendet die Sprache eines Stürmers und Drängers: leidenschaftlich, mit Interjektionen (Ausrufen), Inversionen (Umkehrungen der Wortstellung) und imperativisch.
Die Sprache des Sturm und Drang wird in der zweiten
Fassung geglättet; sprachliche Formen wie Oxymoron und
Ellipse sorgen für einen ausdrucksstarken Stil. Eine besondere Rolle in den predigtartigen Bekenntnisbriefen spielt die
stilistische Figur der Klimax.

Der wichtigste Erzähler des Romans ist der Briefeschreiber
Werther. Er gibt mehrfach Auskunft über die sprachliche Gestal-
tung. An Wilhelm schreibt er, wie sich das Sprachempfinden des
Gesandten und sein eigenes grundsätzlich unterscheiden: Der
Stürmer und Dränger liebt „Bindewörtchen" (HL S. 52/R S. 74),
Inversionen – Umstellungen in der üblichen Wortstellung wie „das
mich umso mehr verdrießt" (HL S. 34/R S. 47) statt „das verdrießt
mich umso mehr" – und fügt die Perioden neu (HL S. 52/R S. 74).
Werther folgt Empfehlungen Herders für die sprachliche Gestaltung, der in seinen Fragmenten *Über die neuere deutsche Literatur*
(1767) die Inversion als besonders geeignetes sprachliches Mittel
des Sturm und Drang für die Beschreibung von Leidenschaften
empfahl.[84] Am 10. Oktober 1772 erklärte Werther die Funktion der Gedankenstriche als Zeichen, wenn die Worte versagten

Erzähler

---

84   Die Inversionen geben „in ihrer biegsamen Sprache jedem Wink der Leidenschaften und des
Nachdrucks nach". Johann Gottfried Herder: *Werke*, hrsg. von Theodor Matthias. Leipzig und
Wien: Bibliographisches Institut, 1. Bd., S. 43.

DIE LEIDEN DES JUNGEN WERTHER

3.6 Stil und Sprache

(HL S. 70/R S. 100). Goethe ersetzte von der ersten zur zweiten Fassung die kantige und derbe Sprache des Sturm und Drang; er glättete sie mit einem klassisch werdenden Sprachgefühl. So wurde z. B. der „Kerl" durch „Mann" (HL S. 10/R S. 12), die „alte Schachtel" durch die „Alte" ersetzt (HL S. 54/R S. 76)[85].

Bemerkenswert sind im Roman die Oxymora. Das sind scheinbar unhaltbare Verbindungen von Gegensätzen, deren Zusammenstellung einen neuen Sinn ergibt („das glänzende Elend", HL S. 53/R S. 75).

Syntax

Syntaktisch fallen die langen Perioden beim Satzbau auf, die sowohl aus dem klassischen Latein stammen als auch den Charakter von Predigten bzw. juristischen Urteilen bestimmen. Durch Klopstocks Oden hatten sie weite Verbreitung erfahren und erfuhren im *Werther* ihre Bewährungsprobe in der Prosa: „Wenn das liebe Tal (…) wenn ich das Wimmeln der kleinen Welt (…) wenn 's dann um meine Augen dämmert (…) dann sehne ich mich oft" (HL S. 6 f./R S. 7). Nachdem Werther Lotte getroffen hat, versagt die Sprache ihren Dienst zur Beschreibung der Ereignisse; Werther flüchtet sich in Ellipsen (unvollständige Sätze wie „Ich habe – ich weiß nicht.", HL S. 15/R S. 20).

Klimax

Von den zahlreichen anderen sprachlich-stilistischen Merkmalen soll auf eine verwiesen werden, die der steigenden und fallenden Handlung entspricht: Der Brief vom 10. Mai 1771 (HL S. 6 f./R S. 7 f.) fällt unter den an Wilhelm gerichteten Briefen aus dem Rahmen: Er beschreibt keine Handlung, sondern ausschließlich Werthers Zustand. Dieser ist von Heiterkeit geprägt, die sich bis zur Gottnähe Werthers („fühle die Gegenwart des Allmächtigen", HL S. 7/R S. 7) steigert. Das vollzieht sich als Klimax, eine „stei-

---

85 Brief vom 17.5.1771, BA 9, S. 13, Reclam-Ausgabe, S. 12; Brief vom 24.12.1772., BA 9, S. 65, Reclam-Ausgabe, S. 76.

3.6 Stil und Sprache

gernde, koordinierende, häufende Figuration"[86], die in diesem Falle mehrfach auch durch „Ich" eingeleitet wird: „Ich bin allein (…)", „Ich bin so glücklich (…)", „Ich (…) bin nie ein größerer Maler gewesen" (HL S. 6/R S. 7). Auf dem Höhepunkt der Klimax („die Welt um mich her und der Himmel ganz in meiner Seele ruhn wie die Gestalt einer Geliebten" HL S. 7/R S. 7) schlägt die Klimax um („dann") und löst sich in einer Wunschvorstellung schöpferischer Tätigkeit auf, die allerdings im Angesicht des Wunders der Natur an ihre Grenzen stößt. Die Klimax entspricht der dialektischen Weltsicht Werthers. Die rhetorische Figur, Klimax und Kadenz, sei keine Erfindung Goethes, sondern eine zu der Zeit bekannte Figur, „die dem Kreis um Herder und Goethe" bekannt war, „eine Figur, deren Tradition auf die Patristik [= Wissenschaft von den Lehren der Kirchenväter], besonders auf die Schriften des Gregorius von Nyssa, zurückgeht."[87] Diese Figur gehört zur Werther-Prosa, die sich durch predigerähnliche Satzperioden auszeichnet. Zur Klimax werden sie durch die Richtungen der Steigerung oder des Fallens. Werther benutzt sie bei Naturbeschreibungen, um seinen Gemütszustand zu beschreiben. Ein Höhepunkt ist der Brief vom 18. August (HL S. 43 f./R S. 60 ff.).

— — —

86 Wolfgang Fleischer und Georg Michel: *Stilistik der deutschen Gegenwartssprache*.
     Leipzig: Bibliographisches Institut, 1975, S. 174.
87 Elizabeth M. Wilkinson: Theologischer Stoff und dichterischer Gehalt in Fausts sogenanntem
     Credo. In: Werner Keller (Hrsg.) *Aufsätze zu Goethes ‚Faust I'*. Darmstadt: Wissenschaftliche
     Buchgesellschaft, 1984, S. 552.

| 1 SCHNELLÜBERSICHT | 2 J. W. V. GOETHE: LEBEN UND WERK | 3 TEXTANALYSE UND -INTERPRETATION |

3.7 Interpretationsansätze

3.7 Interpretationsansätze

ZUSAMMEN-FASSUNG

Die Ablösung der feudalabsolutistischen Macht durch das Bürgertum steht im Vordergrund; sie wirkt sich auf die menschlichen Gefühle und Leidenschaften aus.
Die Literatur des Sturm und Drang stellte das Subjekt und seine Leidenschaften ins Zentrum und schuf damit eine politische Ersatzbasis für die fehlende nationale Grundlage.
Wichtigstes Anliegen der Stürmer und Dränger war, dem unverfälschtem Lebensgefühl, der „Natur" in der Nachfolge Rousseaus neue Normen des Umgangs zu verschaffen.

Ablösung der feudalabsolutistischen Macht

Während der Entstehungs- und ersten Wirkungszeit war die Ablösung des Adels als politisch führende Kraft durch das Bürgertum ein entscheidender gesellschaftlicher Vorgang, den Werther erlebt. Er wird in Handlung umgesetzt als tragischer Untergang eines empfindsamen, künstlerisch begabten und bürgerlich erzogenen Menschen, der am Widerspruch zwischen den Konventionen des Feudalsystems und den Rechten des Individuums zerbricht. Goethe war diese Bedeutung des Romans bewusst, auch wenn er fünfzig Jahre nach dem ersten Erscheinen sie nicht mehr wahrhaben wollte, sondern Werther auf den individuellen Konflikt reduzierte: „Ich hatte gelebt, geliebt und sehr viel gelitten! Das war es."[88] Die Veränderung der Sicht hatte früher eingesetzt. Nachdem er 1775 nach Weimar gekommen war, unternahm der Herzog alles, um Goethe schließlich 1782 zu adeln. Das war „der Sieg des aristokra-

---

88   Eckermann, S. 97 (2. Januar 1824).

3.7 Interpretationsansätze

tischen Prinzips über den Autor des *Werthers*"[89]. Damit trat aber auch alles Sentimentale und Überschwängliche, was den Werther-Roman berühmt gemacht hatte, zurück.

Das Subjekt und seine Leidenschaften

Rousseau hatte mit der Liebe zwischen einem Bürgerlichen und einer Adligen in der *Neuen Héloise* eine sozialkritische Akzentsetzung vorgenommen, die Goethe mit der Beziehung von Werther zu Fräulein B. übernahm. Bei Rousseau war der Roman der Versuch, seiner „ersten fundamentalen Lebenskrise Herr zu werden", und es entstand „der größte Erfolg in der französischen Literatur des 18. Jahrhunderts"[90]. Im Aufsehen, das er erregte, war er mit Goethes *Werther* vergleichbar.[91] Goethe nannte im Zusammenhang mit seinem Roman Schriftsteller: Richardson habe „die bürgerliche Welt auf eine zartere Sittlichkeit aufmerksam gemacht"[92]; sich selbst sah er wie den „glücklich unglücklichen Freund der Neuen Héloise"[93]. Andere Namen traten an Richardsons und Rousseaus Seite: „Klopstock" steht für Übereinstimmung zwischen Lotte und Werther; ein Handkuss „unter den wonnevollsten Tränen" (HL S. 22/R S. 30) besiegelt sie. Tränen sind ein Ausdruck großer Leidenschaft, nicht Zeichen der Trauer. Herder forderte die jungen Leute auf: „Ihr sollt mit Klopstock weinen! Eure Träne aus schönem Herzen, soll ihn schöner schmücken (…)"[94]. Goethes Freunde, wie Friedrich Heinrich (Fritz) Jacobi, lasen den Roman „in süßen, wonnevollen Tränen"[95].

---

89 Mayer, S. 57.
90 Jens-Peter Gaul: *Jean-Jacques Rousseau*. München, 2001, S. 87.
91 Vgl. Winfried Schröder (Hg.): *Rousseau*. Berlin: Aufbau, 1993, S. 381.
92 *Dichtung und Wahrheit*. In: BA 13, S. 610.
93 Ebd., S. 585.
94 J. G. Herder: Gedicht zu Klopstockschen Oden und Elegien (1771). In: Michel, S. 90.
95 Vgl. Dagmar von Gersdorff: *Goethes Mutter. Eine Biografie*. Frankfurt am Main und Leipzig: Insel Verlag, 2001, S. 192.

| 1 SCHNELLÜBERSICHT | 2 J. W. V. GOETHE: LEBEN UND WERK | 3 TEXTANALYSE UND -INTERPRETATION |

3.7 Interpretationsansätze

Bürgertum

Das Bürgertum in der Zeit der Aufklärung hatte sich europaweit Geltung verschafft; es griff 1789 in der Französischen Revolution nach der Macht. Seine Konflikte, Gefühle, Ansprüche und Interessen finden sich auch in Goethes Roman, auch seine Grenzen im Umfeld des Dilettantismus und der geringen Aktivität. Der Roman entwickelte bürgerliche Lebensprogramme, die sich als Gegensatz zu adliger Normenerstarrung entwickelt hatten, und konnte sich dabei auf Vorbilder aus England und Frankreich berufen. Deshalb blieb der Roman in der bürgerlichen Aufbruchphase in Europa gegenwärtig und wurde Goethes größter Bucherfolg. Der sich 1775 abspielende Streit um den *Werther* war ein Streit um unterschiedliche Positionen der Aufklärung. Der Stürmer und Dränger Goethe hatte der Emotion statt der Vernunft entscheidendes Gewicht gegeben. Weltschmerz ist „für die unruhig leidenschaftliche Wertherstimmung (...) die einzig richtige Bezeichnung"[96]. Werthers Weltschmerz, der zum Tod führt, entsteht aus sozialen Widersprüchen und den in Konventionen gepressten Gefühlen. Damit steht der Roman im Vorfeld der Französischen Revolution. Werther strebt für sein Gefühl eine vollkommene Freiheit an, die aber ständig mit den Konventionen der Gesellschaft und ihren Institutionen wie Ehe, Beruf, Kirche (Glauben) usw. zusammenstößt. Werther ist eine Protestgestalt gegen die Ständegesellschaft samt der Kirche wie gegen eine sich entwickelnde philiströse Bürgerlichkeit, aber seine Aktivität ist beschränkt. Mit der Adelsgesellschaft kommt es zum Zusammenstoß, ein Zusammenstoß, der nach 1775 für Goethe keine Bedeutung mehr hatte, war er doch selbst in diese Gesellschaft eingetreten: Er wurde 1782 geadelt.

---

96 Hettner, Band 2, S. 122.

3.7 Interpretationsansätze

Die neuen Normen der „Natur"

Goethes Briefroman und die *Prometheus*-Ode entstanden aus dem gleichen Lebensgefühl heraus, das von jugendlichem Aufbegehren, Protest gegen Normen und Vorgaben und vor allem Aufbegehren gegen verfestigte Strukturen und Verhältnisse bestimmt wird. Beim Roman kam die Erschütterung durch Leidenschaft hinzu.

Einer der bedeutendsten Augenblicke in Goethes Leben verband sich mit diesem Roman: Napoleon hatte ihn sieben Mal gelesen, selbst auf seinem ägyptischen Feldzug, und suchte nun, als er Preußen geschlagen und Thüringen besetzt hatte, am 2. Oktober 1808 in Erfurt mit Goethe das Gespräch über den Roman. Bei aller Begeisterung kritisierte er, dass es „eine Vermischung der Motive des gekränkten Ehrgeizes mit denen der leidenschaftlichen Liebe" gebe, die nicht „naturgemäß" sei und die Vorstellung von der großen Macht der Liebe schwäche[97]. Goethe, der selbst keine Auskunft über das Gespräch gab, erkannte den Vorwurf als richtig an.

Das Liebespaar Werther und Lotte setzte die Reihe der bekannten Paare aus der Weltliteratur von der Art Romeo und Julia fort und wurde ähnlich berühmt. Szenen des Romans, wie die Brot für die Geschwister schneidende Lotte, waren als Stiche verbreitet und wurden in Haushalten aufgehängt. Bis in die Gegenwart wurde, wie Plenzdorfs *Die neuen Leiden des jungen W.* beweist, das Paar immer wieder beschworen.

Lotte schneidet Brot für ihre Geschwister
© ullstein bild – AISA

---

97 Gräf, S. 579f.

| 1 SCHNELLÜBERSICHT | 2 J. W. V. GOETHE: LEBEN UND WERK | 3 TEXTANALYSE UND -INTERPRETATION |

4. REZEPTIONSGESCHICHTE

ZUSAMMEN-
FASSUNG

Der Roman wurde zur Sensation, zum ersten Bestseller der deutschen Literatur sowie zum Ausgangspunkt zahlreicher Parodien, Fortsetzungen, Variationen und Auseinandersetzungen.
Die Vorbilder der Romanfiguren waren betroffen; Zeitgenossen warnten vor dem Nachahmungscharakter. Die schärfsten Angriffe kamen aus kirchlichen Kreisen.
Der Einfluss des Romans auf die Mode war groß; Verbote gab es dennoch lange. Moderne Beschäftigungen mit dem Roman finden sich fortwährend, so zum Beispiel bei Thomas Mann und Ulrich Plenzdorf.

Erster Bestseller der deutschen Literatur

Sensationeller
Erfolg

Goethes Briefroman *Die Leiden des jungen Werther.* ist der erste Bestseller der neueren deutschen Literatur. Er kam einer Sensation gleich. Auch Zensur und Polizei traten gegen den Roman an. Eine Anerkennung des Selbstmords wurde in ihm gesehen: Der Bischof von Derry, Lord Bristol (1730–1802), warf Goethe vor, er habe die Menschen zum Selbstmord verleitet: „Der *Werther* (…) ist ein ganz unmoralisches, verdammenswürdiges Buch!"[98] Im Weimar Goethes ertränkte sich am 17. Januar 1778 Christiane Henriette von Laßberg aus Liebeskummer in der Ilm; in ihrer Kleidertasche fand man Goethes *Werther*. Eine selbstständige Auseinandersetzung mit dem Roman führte Karl Philipp Moritz in seinem „psychologischen Roman" *Anton Reiser* (1785–1790); Reiser

---

98 Eckermann (*Friedrich Sorets Gespräche mit Goethe*), S. 695 (17. März 1830).

glaubte, sich im Werther wiederzufinden, und setzte selbst dessen Wendungen und Gedanken ein, die er für die seinen hielt. Der Roman wurde so berühmt, dass man ihn sprichwörtlich verwendete[99]; er wurde Symbolwerk für den Zustand des „Weltschmerzes"[100], bis in die Gegenwart fand er Nachfolger. Er wurde für die Bühne adaptiert (Rainer Lewandowski: *Die Leiden des jungen Werthers.* Monodramfassung, 1996; Monika Querndt: *Die Leiden des jungen Werthers.* Spielfassung nach Goethes Roman, 2001[101]). 2005 inszenierte das Puppentheater Halle gemeinsam mit den Freilichtspielen Schwäbisch Hall *Die Leiden des jungen Werther* als „schräge Revue", so die „Mitteldeutsche Zeitung", das Freiberger Theater eine Fassung, die sich strikt an Goethes Text hielt – im Gegensatz zu Magdeburg, wo 2006 Goethes Geschichte absichtlich nicht erreicht werden sollte. 2007 wurde ein Ein-Personen-Stück in Gera gespielt.

Symbol für
Weltschmerz

Warnung vor Nachahmung

Die Betroffenen waren 1774 nicht begeistert: Kestner schrieb einem Freund, dass Goethe ihnen „keinen angenehmen Dienst" getan habe[102]. Werthers Tod brachte dem Dichter Rettung. Die Zeitgenossen sahen die Gefahr, die davon ausging. Friedrich Nicolai lobte zwar Werthers Charakter als „trefflich geeignet" für die Literatur, „aber wer im wirklichen Leben Werthers Denkungsart und Handlungsweise nachahmen will, ist ein Narr."[103] Ebenso wünsch-

---

99 Gottfried August Bürger verwendete den Namen in seiner Ballade *Der Kaiser und der Abt* (1785) als Gattungsnamen: „ein bleicher, hohlwangiger Werther".

100 „Weltschmerz" ist ein geflügelter Begriff für psychische Verfassungen geworden, die der Werthers ähnlich sind: Goethe hat diesen Zustand in einem Brief an Zelter als „Taedium vitae" bezeichnet und in *Dichtung und Wahrheit* beschrieben (Berliner Ausgabe, BA 13, S. 621).

101 Uraufgeführt am Gerhart-Hauptmann-Theater Zittau im März 2001: „In der Bühnenfassung und Inszenierung von Monica Querndt erleben zwei junge, unterschiedliche Menschen zum ersten Mal die wirkliche Liebe." (Theaterankündigung)

102 Bode, Bd. 1, S. 76 (Brief vom 7.11.1774 an Hennings).

103 Friedrich Nicolai: ‚*Kritik ist überall, zumal in Deutschland nötig'. Satiren und Schriften zur Literatur.* Leipzig und Weimar: Gustav Kiepenheuer Verlag, 1987, S. 153.

te Lessing, Goethe hätte „ein paar Winke" gegeben, „wie Werther zu einem so abenteuerlichen Charakter gekommen" sei[104]. Der Aphoristiker Georg Christoph Lichtenberg (1742–1799) formulierte spitz: „Wer seine Talente nicht zur Belehrung und Besserung anderer anwendet, ist entweder ein schlechter Mann oder äußerst eingeschränkter Kopf. Eines von beiden muss der Verfasser des leidenden Werther sein."[105] Die schönste Stelle im *Werther* sei, wo sich der „Hasenfuß erschießt"[106]. Die schärfsten Angriffe auf den Roman kamen aus kirchlichen Kreisen. Der Kanonikus Christian Ziegra geiferte 1775 gegen ihn als „verfluchungswürdige Scharteke", „giftige Schlange" und „Lockspeise des Satans"[107]. Lessings Hauptgegner Goeze forderte, den Roman zu „konfiszieren und bei hoher Strafe zu verbieten", und dehnte seine Angriffe gleich auf wohlwollende Kritiker aus, denen man auf die Finger sehen solle, um „dieses so weit ausgestreute giftige Unkraut auszurotten"[108]. Dem Sog, den der Roman auslöste, wurden Goethe und der Verlag mit einer zweiten Auflage 1775 gerecht: Zu dieser korrigierten Ausgabe waren für jeden Teil ein Leitspruch hinzugekommen, das für den zweiten Teil lautete: „Du beweinst, die liebst ihn, liebe Seele,/Rettest sein Gedächtnis von der Schmach;/Sieh, dir winkt sein Geist aus seiner Höhle:/Sei ein Mann, und folge mir nicht nach."[109]

Parodie

Friedrich Nicolai parodierte den Roman mit den *Freuden des jungen Werthers* „recht tüchtig"[110]: Werthers Pistole war mit Hühnerblut geladen; Albert entsagt Lotte, Lotte heiratet Werther:

---

104 Ebd.
105 Georg Christoph Lichtenberg: *Werke*, Berlin und Weimar: Aufbau-Verlag 4. Auflage 1982, S. 98.
106 Ebd., S. 104.
107 In der sogenannten „Schwarzen Zeitung" am 21. März 1775. Vgl. Reuter, S. 110.
108 Zit. nach Reuter, S. 111.
109 *Der junge Goethe*, Bd. 2, S. 541, BA 9, S. 249.
110 Wolfgang Leppmann: *Goethe und die Deutschen*. Stuttgart 1962, S. 36.

„In wenigen Monaten ward Werthers und Lottens Hochzeit voll-
zogen. Ihre ganzen Tage waren Liebe, warm und heiter wie die
Frühlingstage (...) Nach zehn Monaten war die Geburt eines
Sohns die Losung unaussprechlicher Freude."[111]

Goethe reagierte mehrfach darauf: Er schrieb 1775 eine *Anekdote
zu den ‚Freuden des jungen Werthers'*, die Werther und Lotte als
Ehepaar zeigte. Werther hatte sich nur blind geschossen und Lotte
pflegte ihn. Es mündet alles in einen biederen Hausstand: „Küss
mich, Weibchen, und mach, dass wir zu Nacht essen. Ich möchte zu Bette (...)"[112]. Fäkalienbegriffe benutzend beschrieb Goethe
Nicolais Werk als Notdurft auf Werthers Grab und ließ Nicolai sagen: „Hätt er geschissen so wie ich,/Er wäre nicht verdorben!"[113]
Witzig war Goethes *Stoßgebet* gegen Nicolai: „Vor Werthers Leiden,/Mehr noch vor seinen Freuden/Bewahr uns, lieber Herre
Gott!"[114]

Zu Beginn der heftigen und umfangreichen Auseinanderset-   J. M. R. Lenz
zung hatte auch Jakob Michael Reinhold Lenz seine *Briefe über die
Moralität der Leiden des jungen Werthers* (1774/1775) geschrieben.
Er erkannte die Vielschichtigkeit von Goethes Roman, der sich
nicht auf Vorbilder wie Rousseaus *Héloise* und ein paar Romane
von Fielding und Goldsmith reduzieren lasse. Auf dem Höhepunkt
seines Schaffens wurde Lenz von Freunden und Zeitgenossen als
Goethes „jüngerer Bruder" betrachtet[115]. Er hatte Nicolais *Werther*-
Parodie als Beispiel des aufklärerischen Literaturkonzepts ange-

---

111 Friedrich Nicolai: ‚*Kritik ist überall, zumal in Deutschland, nötig.'* Satiren und Schriften zur
    Literatur. Leipzig und Weimar: Gustav Kiepenheuer Verlag 1987, S. 20 f.
112 BA 9, S. 263.
113 BA 9, S. 259.
114 Goethe: *Stoßgebet*. In: BA 9, S. 260.
115 So schrieb Herder am 3. Juni 1775 an Hamann. Vgl. Bode, Bd. 1, S. 128.

griffen – „die allerelendsten Plattheiten"[116] – und Forderungen der jungen Generation erhoben. Den Vorwurf, der Roman sei „eine subtile Verteidigung des Selbstmords"[117], wies Lenz unter Verweis und Vergleich des Romans mit Homers Werken zurück. Im *Achten Brief* findet Lenz in seiner überschwänglichen Begeisterung für den Roman eine treffende Beschreibung:

> „(…) Werther ist ein Bild, meine Herren, ein gekreuzigter Prometheus, an dessen Exempel ihr euch bespiegeln könnt und eurem eigenen Genie überlassen ist, die nützlichste Anwendung davon zu machen."[118]

Kant lehnte in seiner *Kritik der praktischen Vernunft* (1788) Romanhelden ab, die sich „nach unersteiglicher Vollkommenheit" sehnten und meinte damit Werther. Ihre Übersteigerung, „ihr Gefühl für das überschwänglich Große" hindere sie an der „Beobachtung der gemeinen und gangbaren Schuldigkeit, die alsdann ihnen nur unbedeutend klein scheint". Friedrich Schiller zählte in seiner Beschreibung von Dichtungsarten *Über naive und sentimentalische Dichtung* (1795) Goethes *Werther* zur sentimentalischen Dichtung, weil Werther „mit glühender Empfindung ein Ideal umfasst und die Wirklichkeit flieht, um nach einem wesenlosen Unendlichen zu ringen."[119]

---

116 Jakob Michael Reinhold Lenz: Briefe über die Moralität der Leiden des jungen Werthers. In: *Werke und Briefe*. Hg. von Sigrid Damm. Leipzig: Insel Verlag 1987, Bd. 2, S. 677.
117 Ebd., S. 675.
118 Ebd., S. 685.
119 Friedrich Schiller: Über naive und sentimentalische Dichtung. In: *Sämtliche Werke*. Hg. von Gustav Karpeles. Leipzig: Max Hesses Verlag o. J., Bd. 12, S. 144.

| 4 REZEPTIONS-GESCHICHTE | 5 MATERIALIEN | 6 PRÜFUNGS-AUFGABEN |

Einflüsse des Romans auf andere Bereiche

Die Wirkung des Romans reichte in andere Gattungen hinein: In Wien inszenierte man ein dreiaktiges, tragisches Ballett *Der junge Werther* und begeisterte mit einem Feuerwerk, das den Titel trug: *Werthers Zusammenkunft mit Lottchen im Elysium*[120]. Zahlreiche Beispiele gab es, dass Gedichte Lottes Verhalten an Werthers Grab schilderten oder die Leiden Werthers aus der Perspektive Lottes aufrollten (A. K. Stockmann *Die Leiden der jungen Wertherin*; 1775). Dramatisierungen folgten, später Parodien oder Stücke der Schauerdramatik. Besonders in Frankreich fanden sich immer wieder Dichter, die den Stoff fortsetzten, variierten oder nach anderen Lösungen suchten, unter ihnen Alexandre Dumas (*Antony*, 1831).[121]

Das Schicksal des Verbots ereilte den *Werther*. Grund war nach dem Gutachten des Theologen Ernesti, bei dem Goethe in Leipzig gehört hatte, die Anleitung zum Selbstmord: „Diese Schrift ist eine Apologie und Empfehlung des Selbstmordes; und es ist auch um des Willen gefährlich, weil es in witziger und einnehmender Schreibart abgefasst ist."[122] Als das Verbot in Christian Friedrich Daniel Schubarts *Deutscher Chronik* erschien, stieg das Aufsehen, das der Roman gemacht hatte, zur Sensation. Schubart (1739–1791) sah sich nicht in der Lage, den Roman zu kritisieren, weil er ihn mit „wollüstigem Schmerz" nachempfunden hatte und überschwänglich loben konnte. Strengste Verbote des Werthers, ein sogenanntes Generalverbot, das auch Bearbeitungen usw. einschloss, gab es in Sachsen und Österreich. Bis 1814 war Goethe

Verbot

---

120 Brandes, S. 126.
121 Vgl. dazu: Elisabeth Frenzel: *Stoffe der Weltliteratur*. Stuttgart: Alfred Kröner Verlag 1988, S. 787–790.
122 Houben: *Der polizeiwidrige Goethe*. Berlin: G. Grote Verlag, 1932, S. 7 f.; zu Oehlenschläger vgl. S. 22 f.

in Dänemark und Norwegen bekannt als Verfasser eines Buches, das man nicht kannte, „weil seine Übersetzung von der Polizei als die Moralität und Sitten verderbend verboten war" (Adam Oehlenschläger).

Einflüsse auf andere Bereiche

Der Gegenwartsroman Goethes wirkte wegen der Gestaltung des herrschenden Gefühls fast grenzenlos, bis in die Mode (Werther-Tracht), in alltägliche Umgangsformen, in die Porzellanproduktion[123] und in Biografien reichend. Man starb am „Furore Wertherino", der Werther-Raserei[124]. Die Beschreibungen des Lebens junger Bürgerlicher um 1770 nannte man „Wertheriaden": Im Weygantschen Verlag, in dem Goethes Roman 1774 erschien, kam noch 1793 *Narcisse. Eine englische Wertheriade* heraus.

Das Mitglied des „Göttinger Hains" Christian Graf zu Stolberg (1748–1821), Dichter patriotischer Texte, schrieb am 17. Mai 1775 an seine Schwester Katharina: „In Frankfurt haben wir uns alle Werthers Uniform machen lassen, einen blauen Rock mit gelber Weste und Hosen; dazu runde graue Hüte"[125]. Diese Kleidung war Mode und Politikum für die Stürmer und Dränger. Der Roman wurde schnell übersetzt: 1775 ins Französische, in drei Jahren

Übersetzungen

folgten fünf weitere Übersetzungen. Goethe eroberte Frankreich und Autoren wie Madame de Staël[126]; 1776 kamen Übersetzungen ins Holländische, 1779 ins Englische, 1781 ins Italienische und ins Russische, 1783 ins Schwedische. 1779 dichtete Goethe über chinesische Glasmalereien: „Doch was fördert es mich, dass auch sogar der Chinese / Malet mit ängstlicher Hand Werthern und Lotten auf Glas?"[127] 1922 wurde der Roman von Guo Mojo

---

123 1795 produzierte die Porzellanmanufaktur Meißen eine Werther-Tasse, deren Untertasse Lotte, die Tasse Werther und der Deckel einen Liebesgott zeigte.
124 Georg Christoph Lichtenberg: *Werke*. Berlin und Weimar. Aufbau Verlag 1982, S. 93.
125 Bode, Band 1, S. 124.
126 Vgl. Brandes, S. 588.
127 Goethe: Epigramme. Venedig, Nr. 34b. in: BA 1, S. 229.

| 4 REZEPTIONS-GESCHICHTE | 5 MATERIALIEN | 6 PRÜFUNGS-AUFGABEN |

ins Chinesische übersetzt; 120 000 Exemplare wurden verkauft. 2007 erschien in China als erste literarische CD überhaupt Goethes Briefroman, gesprochen von Su Yang.

Thomas Mann berichtete die Geschichte, dass ein junger Engländer,

> „der in späteren Jahren nach Weimar kam und Goethe vorübergehen sah, auf offener Straße ohnmächtig wurde, da er sich zu viel zugemutet hatte und es über seine Kräfte ging, den Verfasser des Werthers in Person zu erblicken".[128]

Bekannt wurde 1892 Jules Massanets (1842–1912) Oper *Werther*, 1893 aufgeführt in der Opéra Comique (Paris); sie blieb bis in die Gegenwart populär. Unter den zahlreichen Nachfolgern ist das bekannteste Werk Thomas Manns *Lotte in Weimar*[129] (1939); in diesem Zusammenhang beschäftigte sich Thomas Mann mit Goethes Roman und schrieb seinen Essay *Goethes ‚Werther'* (1941). Einer der erfolgreichsten Texte in der Nachfolge Goethes wurde Ulrich Plenzdorfs *Die neuen Leiden des jungen W.*[130] Der Prosatext, ursprünglich 1968/1969 als Filmerzählung entstanden, wurde zu einem Mode- und Kultbuch, die Bühnendramatisierung hatte ähnlichen Erfolg. Im Rahmen des alten Werther-Paradigmas gewinnt die neue Erzählung an Aussagekraft, weil sie einen Vergleich nicht nur ermöglicht, sondern erzwingt. Edgar Wibeau, der neue

---

128 Thomas Mann: Goethes Werther. In: Thomas Mann: *Altes und Neues. Kleine Prosa aus fünf Jahrzehnten*. Berlin und Weimar: Aufbau Verlag 1965, S. 229.
129 1975 wurde der Roman Thomas Manns von Egon Günther für die DEFA verfilmt. Die Lotte spielte Lilli Palmer, Goethe wurde von Martin Hellberg dargestellt. Selbst in Nebenrollen traten berühmte Schauspielerinnen auf: Die Schwiegertochter Goethes, Ottilie von Pogwisch, wurde von Katharina Thalbach und Adele Schopenhauer von Jutta Hoffmann gespielt. Mit diesem Film beteiligte sich die DDR erstmals an den Filmfestspielen in Cannes.
130 Vgl. Rüdiger Bernhardt: *Erläuterungen zu Ulrich Plenzdorf. Die neuen Leiden des jungen W.* Hollfeld: C. Bange Verlag, 2010.

Werther, verschlüsselt seine Lebenssituation mit Werther-Zitaten und verschließt sie so vor seinen Freunden, die Edgars Text nicht dechiffrieren können, weil sie nichts von Goethes *Werther* wissen[131]. Auch Max Frischs *Stiller* wurde als Parodie und Plagiat Werthers gelesen, zahlreiche Entsprechungen wurden gefunden und der Bezug zwischen den Romanen als „Kritik und Widerlegung empfindsamer Existenz" verstanden[132]. Jerome D. Salingers *Der Fänger im Roggen* (1951), der hin und wieder in die Tradition des *Werther* gestellt wurde, hat damit nichts zu tun. Ähnlichkeiten sind äußerlicher Art, außerdem ist der Roman Ausdruck eines Lebensgefühl um 1950.

Moderne Gestaltungen

Der Roman wurde mehrfach verfilmt. 1993 verlegte Jaques Doillon den Roman *Le jeune Werther* unter junge Leuten in Paris, für die Liebe aus Sex besteht. Ismaïl (Albert) und Théo (Werther) verlieben sich gleichermaßen in Miren, aber während Théo nur Mirens Aussehen interessiert, liebt Ismael andere Werte. Keiner nimmt sich das Leben. Das hat schon einer zu Beginn getan: Guillaume, der Wilhelm des Romans; damit wurde der Briefroman hinfällig.

Psychiater diskutieren seit dem Erscheinen des Romans den Werther-Effekt, „den Kurzschluss vom Reden hin zur Tat", und sehen sich mit diesem Effekt verstärkt konfrontiert[133]. Die dem Effekt verfallen, kennen den Ursprung des Effekts nicht: Der Roman wurde geschrieben, um Selbstmordgedanken zu überwinden.

---

131 Vgl. Klatt, S. 373–377. Plenzdorfs *Die neuen Leiden des jungen W.* wurden wiederum unter Rückbesinnung auf Goethes *Werther* variiert in Volker Brauns *Unvollendeter Geschichte* (1975). Brauns Karin sieht das Werther-Problem in der Auswirkung weltgeschichtlicher Auseinandersetzungen im einzelnen menschlichen Leben.
132 Wierlacher, S. 271.
133 Irina Repke u.a.: „Let it be". In: *Der Spiegel* 2001, Nr. 9, S. 79.

| 4 REZEPTIONS-GESCHICHTE | 5 MATERIALIEN | 6 PRÜFUNGS-AUFGABEN |

Am 14. Dezember 2001 endete das *Literarische Quartett*, eine populäre, nicht unumstrittene Sendung unter der Leitung von Marcel Reich-Ranicki; „das letzte Buch des Literarischen Quartetts überhaupt"[134] war Goethes *Werther*. Die Beteiligten waren sich, unter Verkennung historischer Bedingungen des Romans, einig, dass der Roman „ganz moderne Literatur"[135] sei.

Szenenbild einer „Werther"-Inszenierung am Maxim Gorki Theater in Berlin
© ullstein bild – Lieberenz

---

134 Peter Just u. a. (Redaktion): *Das Literarische Quartett*, 3. Bd., Berlin: Directmedia 2006, S. 642.
135 Ebd., S. 648.

5. MATERIALIEN

Schiller

In *Über naive und sentimentalische Dichtung* (1795) stellte Schiller Goethes *Werther* an eine repräsentative Stelle in der sentimentalischen Dichtung, die nicht Natur ist, sondern die nach Natur sucht:

„Ein Charakter, der mit glühender Empfindung ein Ideal umfasst und die Wirklichkeit flieht, um nach einem wesenlosen Unendlichen zu ringen, der, was er in sich selbst unaufhörlich zerstört, unaufhörlich außer sich sucht, dem nur seine Träume das Reelle, seine Erfahrungen ewig nur Schranken sind, der endlich in seinem eigenen Dasein nur eine Schranke sieht und auch diese, wie billig ist, noch einreißt, um zu der wahren Realität durchzudringen – dieses gefährliche Extrem des sentimentalischen Charakters ist der Stoff eines Dichters geworden, in welchem die Natur getreuer und reiner als in irgendeinem andern wirkt, und der sich unter modernen Dichtern vielleicht am wenigsten von der sinnlichen Wahrheit der Dinge entfernt.

Es ist interessant, zu sehen, mit welchem glücklichen Instinkt alles, was dem sentimentalischen Charakter Nahrung gibt, im *Werther* zusammengedrängt ist: schwärmerische unglückliche Liebe, Empfindsamkeit für Natur, Religionsgefühl, philosophischer Kontemplationsgeist, endlich, um nichts zu vergessen, die düstere, gestaltlose, schwermütige Ossiansche Welt."[136]

Thomas Mann

Anhaltend hat sich Thomas Mann mit Goethes Roman beschäftigt, schon im Hinblick auf seinen eigenen Roman *Lotte in Weimar*, der

---

[136] Friedrich Schiller: Über naive und sentimentalische Dichtung. In: *Sämtliche Werke*. Hg. von Gustav Karpeles. Leipzig: Max Hesses Verlag o. J., Bd. 12, S. 144.

wiederum zur Rezeptionsgeschichte von Goethes Roman gehört. Für die zeitgenössische Wirkung hat Thomas Mann in seinem Aufsatz *Goethes ‚Werther'* (1941) jene zeitgenössischen Faktoren benannt, die den *Werther* zum bejubelten Buch der jungen Generation werden ließen:

„Überdruss an der Zivilisation, Emanzipation des Gefühls, wühlende Sehnsucht nach Heimkehr ins Natürlich-Elementare, Rütteln an den Fesseln einer erstarrten Kultur, Revolte gegen Konvention und bürgerliche Enge, alles trat zusammen, um den Geist gegen die Beschränkung der Individuation selbst anrennen und ein schwärmerisch grenzenloses Lebensverlangen die Gestalt der Todessehnsucht annehmen zu lassen. Melancholie, Überdruss am rhythmischen Einerlei des Lebens war gang und gäbe. In Deutschland wurde die Bewegung, die man ‚Weltschmerz' nennt, verstärkt durch die Vertiefung in eine gewisse Grabespoesie, die die englische Literatur damals hervorbrachte."[137]

Zum Film *Die Leiden des jungen Werthers* (Regie: Egon Günther, 1976) schrieb der Dramaturg und Dramatiker Gerd Focke:

Film von 1976

„Ein junger Mann liebt ein bereits einem anderen versprochenes Mädchen, zerbricht am Scheitern seiner Liebe und endet durch Selbstmord. Ein derartiger Dreieckskonflikt könnte die Konstellation eines Kolportageromans sein, wenn der Verfasser nicht Johann Wolfgang von Goethe hieße. So aber bewegt das literarische Werk, das er auf dieser Situation aufbaute, seit seiner Entstehung im Jahre 1774 immer wieder nicht nur die Gemüter der Literaturwissen-

---

137 Thomas Mann: Goethes Werther. In: Thomas Mann: *Altes und Neues. Kleine Prosa aus fünf Jahrzehnten*. Berlin und Weimar: Aufbau Verlag 1965, S. 229.

schaftler, sondern vor allem auch der jüngeren Leser auf das heftigste. (…) Für seine [= Regisseur Egon Günther] Drehbuchautorin Helga Schütz und ihn ist der Werther dabei nicht der krankhafte Schwächling, von dem die bürgerliche Literaturkritik ausgeht, sondern ein vitaler junger Bursche, der die Natur liebt und geistige Enge, wie jeden äußeren Zwang, verabscheut. Werther erkennt seine Ohnmacht gegenüber Reglement und Konvention, die sich im Verhältnis des deutschen Bürgertums zum Adel offenbaren, und sucht in der Liebe einen scheinbaren Ausweg, eine Selbstbefreiung. Ihr Scheitern muss bei Werthers Charakter, dem der Weg echter Empörung verschlossen ist, zwangsläufig zur Selbstzerstörung führen."[138]

Anderen erschien der Film als misslungen, weil das „Faustische" in ihm „weitestgehend getilgt" worden sei; er schien gescheitert, weil die Größe von Werthers „Lebens- und Weltentwurf" nicht begreifbar geworden sei.[139] Das aber war in Goethes Roman nicht zu finden und bedeutete eine Überforderung der Vorlage. Werther war, wie Lenz es richtig sagte, ein „gekreuzigter Prometheus".

---

138 Gerd Focke: „Eine Version, die modern und doch zeitgerecht ist." Egon Günther verfilmte *Die Leiden des jungen Werthers*. In: *Freiheit*, Halle, vom 7.9.1976.
139 Fred Gehler: Die Leiden des jungen Werthers. In: *Sonntag*, Berlin 1976, Nr. 38.

6. PRÜFUNGSAUFGABEN MIT MUSTERLÖSUNGEN

Unter www.königserläuterungen.de/download finden Sie im Internet zwei weitere Aufgaben mit Musterlösungen.

Die Zahl der Sternchen bezeichnet das Anforderungsniveau der jeweiligen Aufgabe.

Aufgabe 1 *

Beschreiben Sie Werthers Bürgerlichkeit und seinen Konflikt mit der Adelsgesellschaft.

Mögliche Lösung in knapper Fassung:

Werther ist ein bürgerlicher Intellektueller. Seine Bürgerlichkeit drückt sich zuerst in der Selbstverständlichkeit aus, mit der er sich als Gesprächspartner des Grafen empfindet. Sie drückt sich am Ende darin aus, dass er Beruhigung in der Literatur sucht und dazu eine berühmte Szene von Homer wählt. Sie drückt sich außerdem in der Selbstverständlichkeit aus, mit der er über sein Schicksal berichtet und es nicht einem Tagebuch, sondern Briefen anvertraut.

EINLEITUNG

Diese entstehende bürgerliche Briefkultur war Ausdruck eines bürgerlichen Selbstbewusstseins, das die Briefe nicht mehr der aristokratischen und der Gelehrtenwelt überließ. Vor allem aber war es der Inhalt dieser Briefe, der das bürgerliche Tugendideal betraf, geprägt von einem natürlichen Gefühl ohne Standesschranken, Leidenschaften als lebbarer Zustand und die Empfindungen als mitteilenswerter Gegenstand. Werther möchte gegen alle Kon-

BRIEFKULTUR

ventionen zu seiner Liebe stehen, wobei Liebe keine geistige Beziehung ist, sondern eine sinnliche Beziehung, eingebettet in die Natur und die Natürlichkeit des Menschen. Deshalb gehören „Herz", „Empfindung" und „Seele" zu den am häufigsten gebrauchten Wörtern im Roman; sie gehören zum Umfeld der Liebe und sind Ausdruck der bürgerlichen Tugend. Werther erlebt aber auch eine Welt der Deklassierung, in der seine Bürgerlichkeit Anlass ist, ihn aus nobler Gesellschaft zu verbannen. Das rührt so stark an seinem Ehrgefühl, dass er die Entlassung verlangt und lieber auf den hierarchischen Aufstieg verzichtet, als ehrlos zu sein. Das entspricht einem aufklärerisch-moralischen Verhalten, angereichert mit Bildungseinflüssen von Klopstock bis Richardson, Shakespeare bis Macpherson. Von allen ist zu spüren oder zu lesen – oder sie werden explizit genannt.

GOETHE IN WETZLAR

Goethe erlebte in Wetzlar, wo er eigentlich die juristische Praxis erlernen sollte, das Leben in einer von Juristen geprägten Stadt – von etwa 4000 Einwohnern waren 900 Anwälte usw., ein interessantes gesellschaftliches Leben und eine schöne Natur. Durch die Begegnung mit Charlotte Buff bekamen diese Erlebnisse einen besonderen Reiz, denn schnell verliebte er sich in sie. Anfangs wusste er nicht, dass sie mit einem seiner Freunde, dem hannoverschen Legationssekretär Christian Kestner, so gut wie verlobt war.

Als ihm das bekannt wurde, durchlebte er verzweifelte Stunden und bereitete auch dem jungen Paar manche Aufregung. Bald nach seinem Abschied von Wetzlar fand er seine Ruhe wieder, zumal eine neue Leidenschaft, diesmal zu Maximiliane von La Roche, ihn beschäftigte.

Die erlittene Enttäuschung in der Liebe zu Charlotte Buff wurde erneut wach, als Goethe von einem ähnlichen Schicksal erfuhr. In der Nacht vom 29. zum 30. Oktober 1772 erschoss sich der Jurist Karl Wilhelm Jerusalem aus unglücklicher Liebe. Goethe kannte

| 4 REZEPTIONS-GESCHICHTE | 5 MATERIALIEN | 6 PRÜFUNGS-AUFGABEN |

ihn durch die gemeinsame Mittagstafel, an der man sich mit den Namen alter Ritter anredete: Goethe war „Götz", Jerusalem wurde „Masuren" genannt. Nun brach alles auf; Goethe sammelte die Nachrichten, die er über Leben und Tod Jerusalems finden konnte. Von Kestner erfuhr er bei dieser Gelegenheit, dass Jerusalem nicht nur die unglückliche Liebe zur Frau eines Freundes bedrückt habe, sondern auch keinen Zugang zu den großen Gesellschaften erhalten habe. Das war das zentrale Problem, über das Werther in seinem Brief vom 15. März an Wilhelm schrieb. Er berichtete von einem Verdruss, der ihn wegtreiben werde. Der Brief steht in der Mitte des Romans, hat also bereits dadurch eine bevorzugte Stellung. Es handelt sich zudem um einen der längsten Briefe, die in ihm beschriebenen Vorgänge wirken sich auch auf die nächsten Briefe aus. Werther hatte ein diskriminierendes Erlebnis, das sein Leben veränderte: Während eines Besuches im Hause des Grafen von C. übersieht er, dass eine adlige Gesellschaft zu Besuch eintrifft und seine Gegenwart anstößig findet. Es kommt zu einer bedrückenden Szene, denn der Graf muss, um seiner Gesellschaft gerecht zu werden, Werther des Hauses verweisen, wenn auch vorsichtig und freundlich. Werther erlebt so die äußerste Form der Standestrennung; er ist für die adlige Gesellschaft nicht gleichberechtigter Partner, nicht einmal für seinen Gönner, der ebenfalls in diesem Standesdünkel gefangen ist. Für Werther wird die Begegnung mit dem Adel im Nachhinein zur Besichtigung eines Panoptikums: Nur Zerrbilder und Gespenster treffen sich zu dieser Gesellschaft; sie tragen die Kleidung aus der Krönungszeit Franz I. oder haben die „altfränkische Garderobe mit neumodischen Lappen" (HL S. 58/R S. 82) ausgeflickt. Dagegen wird die auffällige Tracht Werthers gesetzt, die zur Bekleidung junger Stürmer und Dränger und ihrer Sympathisanten wurde: braun „gestiefelt, im blauen Frack mit gelber Weste" (HL S. 106/R S. 153) Auch diese

WERTHERS ERLEBNIS

| 1 SCHNELLÜBERSICHT | 2 J. W. V. GOETHE: LEBEN UND WERK | 3 TEXTANALYSE UND -INTERPRETATION |

Beschreibung stammt wortwörtlich aus Kestners Schilderung vom Ende Jerusalems.

GEDANKE AN SELBSTMORD

Als Werther nach dem Hinauswurf erlebt, wie seine Gegner über ihn herziehen und ihm übelnehmen, sich „über alle Verhältnisse hinaussetzen" zu wollen, denkt er an Selbstmord: „(…) da möchte man sich ein Messer ins Herz bohren" (HL S. 59/R S. 84)". Der Gedanke ist nicht einmalig und nicht erstmalig vorhanden, sondern begleitet ihn: Selbstmord wird als das „süße Gefühl der Freiheit" verstanden („So ist mir 's oft, ich möchte mir eine Ader öffnen, die mir die ewige Freiheit schaffte.", HL S. 60/R S. 85) Zudem hat er seine Entlassung vom Hof verlangt, gerät also in eine gesellschaftlich noch verunsichertere Lage. Die sozialen Verhältnisse haben ihn bereits so verunsichert, dass weitere Enttäuschungen auf vorbereiteten Boden fallen.

Aufgabe 2 ***

Beschreiben Sie Werthers Verhältnis zu den einfachen Menschen, Kindern und Außenseitern.

EINLEITUNG

Mögliche Lösung in knapper Fassung:
Die Entwicklung der Liebe Werthers zu Lotte und seine Erschütterungen werden begleitet von zahlreichen Szenen, in denen Werther mit einfachen Menschen zusammentrifft, deren Schicksal ihn interessiert. Dabei weiß er nicht, dass diese Schicksale eine illustrative Bedeutung für sein eigenes Schicksal haben.

HANG ZUM EINFACHEN

Werther hat einen natürlichen Hang zu den einfachen Menschen. Damit wird er den Prinzipien des Sturm und Drang gerecht, die im Volk sowohl eine soziale Kraft als auch eine geistige Potenz sahen, deren Wissen es zu erforschen galt. Das Interesse für Volkslieder, Märchen und Sagen, wie es Goethe im Kreis Herders in

Straßburg erlebte, gehörte dazu. Werther ist für die Begegnung mit dem Volk bereit, denn seine Abneigung gehört der Stadt, die als Beamtenstadt zu denken ist, denn dort spielen sich die entscheidenden juristischen Vorgänge ab; aus diesem Grund ist Werther auch dorthin gekommen. Freundliche Begegnungen Werthers ereignen sich in der freien Natur, eine erste „vor dem Orte" (HL S. 7/R S. 8) an einem Brunnen. Dort trifft er Dienstmädchen, die Wasser holen, und er hilft ihnen auch, die Wasserkrüge auf den Kopf zu heben. In Erinnerung an die Antike – er liest gerade Homers *Odyssee* und dürfte Nausikaa vor Augen haben – sieht er bei den Mädchen die Reste königlichen Verhaltens. Solche Begegnungen sind keine Ausnahme, sondern die Regel. Schon wenige Tage nach der Ankunft kann er seinem Freund Wilhelm mitteilen, dass die „geringen Leute des Ortes" ihn kennen und außerdem die Kinder, die ihn lieben (HL S. 8/R S. 9). Diese Beziehung zu einfachen Leuten und Kindern zieht sich durch den gesamten Roman. Durch sie werden Werthers soziale Bindungen und Haltungen verdeutlicht; das ist die inhaltliche Bedeutung dieser Beziehung.

Aber es gibt auch eine strukturelle Bedeutung: In diesen Beziehungen zu den einfachen Menschen werden Werthers Konflikte und Probleme, letztlich also seine Leiden, in vereinfachter Weise verständlich und nachvollziehbar. Es erscheinen die Lösungsmöglichkeiten für diese Konflikte im Blick Werthers und des Lesers. Wie nachdrücklich Goethe auf diese Beziehungen inhaltlich und formal Wert legte, wird darin deutlich, dass er die Bauernburschenepisode erst in die zweite Fassung aufnahm und sie, statt wie in den anderen Fällen mit zwei Abschnitten, sie mit drei Abschnitten in die Handlung einfügte. Einmal verstärkt sich dadurch die plebejische Tendenz des Romans, die von Werther getragen wird. Andererseits läuft sie parallel zur Zuspitzung des Konflikts für Werther und weist auf die schnell entstehende tragische Konstellation hin, die für den Knecht und für Werther keine grundsätzlichen Unterschiede zeigt. Schließlich deutet sie an, dass es für diesen Konflikt die Lösung eines Mordes und die Lösung eines Selbstmordes geben kann.

Auch Lotte begegnet er zuerst im ländlichen Umfeld: Es findet ein „Ball auf dem Lande" (HL S. 16/R S. 21) statt, zu dem Lotte abgeholt wird. Dabei erlebt Werther die Liebe und mütterliche Sorgfalt, mit der Lotte ihre Geschwister versorgt. Begegnungen mit dem Adel vollziehen sich zumeist in geschlossenen, geradezu bedrängend wirkenden Räumen. Das trifft sowohl für die Adelsgesellschaft zu, in der Werther seine größte Herabsetzung und bleibenden Verdruss erfährt, als auch für die Tante des Fräuleins von B.: Hatte er das Fräulein, das sich „sehr viele Natur mitten in dem steifen Leben erhalten hat" (HL S. 54/R S. 76), auf einem Spaziergang getroffen, so erlebt er ihre abstoßende und eitle, verarmte, aber adelsstolze Tante im Haus, von dem aus sie „über die bürgerlichen Häupter" (HL S. 54/R S. 76) hinwegsieht.

NATUR

Die einfachen Menschen leben in der freien Natur, die auch Werther sucht. Diese Menschen sind gesund und empfinden natürlich. Sie können die Voraussetzung für eine vernünftige (natürliche) Lebensweise sein, wenn sie sich ihre Unabhängigkeit von den Zwängen der feudalen Machtstrukturen erhalten können. In Homers *Odyssee* sieht Werther das antike Modell für eine natürliche und offene Gemeinschaft, zu der Adlige nur dann Zutritt haben, wenn sie sich aus ihren Konventionen zu lösen können, wie es der Graf C. vermag. In diesen Beschreibungen wird Rousseaus Gesellschaftskonzeption unvermittelt deutlich. Mit seiner Forderung „Zurück zur Natur!" hatte er die natürliche Lebensweise als Pendant zur aristokratischen Welt propagiert. Werthers Leidenschaften waren Ausdruck dieser Natur, die sonst nur bei den einfachen Menschen zu finden war und sich dort auslebte. Insofern ist der

| 4 REZEPTIONS-GESCHICHTE | 5 MATERIALIEN | 6 PRÜFUNGS-AUFGABEN |

Roman zuerst ein Liebesroman, denn der Umgang mit der Liebe im Gegensatz zu allen Konventionen war ein neuartiger Vorgang für die Literatur.

Aber die Natürlichkeit der einfachen Menschen und der Kinder ist gefährdet durch Armut, durch gesellschaftliche Zwänge und durch mangelnde Bildung. Auch diese Gefahren bekommen ihren Platz im Roman: Die Mutter, die ihrem Jüngsten, dem Hans, ein Süppchen kochen will – den Vater hat man ums Erbe betrogen –, muss Werther bei der nächsten Begegnung mitteilen, dass Hans gestorben ist und ihr Mann erkrankt aus der Schweiz zurückgekommen sei, als er versucht habe, sein Erbe doch noch zu erhalten. Schließlich wird ein weiteres Treffen zum warnenden Zeichen: Auf einer Wanderung trifft Werther einen Menschen, der Blumen sucht und von dem „Unheimliches" (HL S. 77/R S. 108) ausgeht. Er ist wahnsinnig geworden in seiner unerwiderten Liebe zu Lotte; ihretwegen wurde er „aus dem Dienst geschickt" (HL S. 78 f./R S. 111).

FAZIT

Werthers Denken bewegt sich in sozialen Fragestellungen, die auf die bevorstehende Französische Revolution weisen. Ihn bewegt das Problem der Gleichheit und der dazugehörenden moralischen Normen: „Ich weiß wohl, dass wir nicht gleich sind, noch sein können" (HL S. 8/R S. 9). In einem Gespräch mit Albert über Diebstahl werden diese Normen von Werther in ihrer sozialen Bedeutung betrachtet; er plädiert für das unkonventionelle Verhalten, nicht aus der Regel, sondern aus der Leidenschaft gespeist, wie er es bei den einfachen Menschen findet. Was verdient der, der „um sich und die Seinigen vom gegenwärtigen Hungertode zu erretten, auf Raub ausgeht, verdient der Mitleiden oder Strafe?" (HL S. 39/R S. 54)

| 1 SCHNELLÜBERSICHT | 2 J. W. V. GOETHE: LEBEN UND WERK | 3 TEXTANALYSE UND -INTERPRETATION |

Aufgabe 3 ***

Beschreiben Sie Werthers Umgang mit Literatur am Beispiel Homers und Ossians.

LITERATUR
ALS EXISTENZ

Mögliche Lösung in knapper Fassung:

Werther ist in seinen Briefen mit Hinweisen auf Literatur freizügig. Das weist darauf hin, dass er ausgesprochen literaturinteressiert ist und ausgeprägte Lesebedürfnisse hat, dass er zum anderen sein Leben auf Literatur aufzulegen bzw. aus Literatur Lebensprogramme abzuleiten vermag. Literatur ist für Werther eine seiner Existenzmöglichkeiten.

Dieser Umstand ist zeitbedingt. Besonders in Frankreich zielten die literarischen Entwürfe von Rousseau, Diderot und Voltaire auf die politische Verständigung über den Citoyen, der als Ziel der angestrebten Veränderungen galt und schließlich auch 1789 aus der Französischen Revolution hervorging. In Deutschland war eine vergleichbare soziale Breitenwirkung nicht vorhanden, da es in Deutschland keine nationale Gesellschaftskonzeption gab. An diese Stelle traten die zahlreichen Duodezfürsten mit ihren unterschiedlichen politischen Richtungen, die sich aus den zahllosen verwandtschaftlichen Verflechtungen ergaben. Insofern war die deutsche Literatur für die politisch ausstehende, nationale Konzeption einer Neugestaltung das Gebiet, auf dem Entwürfe vorgestellt werden konnten.

Werther setzte Namen ein, von denen er annehmen kann, dass sie für Wilhelm, den Briefempfänger, von Bedeutung sind. Das beginnt mit „Leonore" (HL S. 5/R S. 5), die auf Bürgers Ballade *Lenore* (1773) und seine brisante Lebensführung seit 1774 mit zwei Schwestern deuten könnte. Wenig später wird durch „Melusine" (HL S. 7/R S. 8) eine literarische Landschaft größten Umfangs er-

118   JOHANN WOLFGANG VON GOETHE

| 4 REZEPTIONS-GESCHICHTE | 5 MATERIALIEN | 6 PRÜFUNGS-AUFGABEN |

öffnet: Durch den Namen wird an die Undinen, Seejungfrauen, Meernixen und Chimären erinnert. Zeitgenössische Autoren wie Klopstock, Goldsmith oder ihre Werke sowie der „Landpriester von Wagefield" (HL S. 29/R S. 25) werden genannt und haben Parolenfunktion. Anders ist das bei Homer und Ossian. Wilhelm fragt, ob er Werthers Bücher schicken sollte, aber Werther lehnt ab: Alles, was er brauche, finde er in seinem Homer (vgl. HL S. 8/R S. 9).

In Goethes Roman wirkte sich Rousseaus Homerrezeption aus, der Homer als einen volkstümlichen Dichter sah. So liest ihn auch Werther. Das gehörte zum Sturm und Drang.

HOMER

Der Werther-Roman ist das herausragende Beispiel für Goethes Homerbeschäftigung. Werther kommt im ersten Buch immer wieder auf seine Homer-Lektüre zu sprechen, die eine ganz bestimmte ist: Nicht die „Ilias" liest er, sondern die „Odyssee", nicht dem Kampf um Troja gilt sein Interesse, sondern der natürlichen Welt, in der die Königstöchter alltäglichen Verpflichtungen, wie Wasserholen, nachgehen. Darin sieht Werther die „patriarchalische Idee" (HL S. 7/R S. 8). Wahlheim, der Ort außerhalb der Stadt, ist die idyllische Welt, in der Werther Homers „Odyssee" liest. Dort, wo es „so vertraulich, so heimlich" (HL S. 11/R S. 14) ist, sieht er sich im Einvernehmen mit Homer. Es ist allerdings kein antikisierendes Verständnis, das Werther für Homer aufbringt, sondern ein auf die Beschaulichkeit reduziertes. Man kann nicht umhin, festzustellen, dass Werthers Homerverständnis auch Züge des Trivialen und damit Konfliktfreien bekommt: Werther lässt sein „Tischchen" aus dem Wirtshaus bringen „und meinen Stuhl, trinke meinen Kaffee da, und lese meinen Homer" (HL S. 11/R S. 14). Die Szene wiederholt sich; Werther liest die „Odyssee", als er Erbsen pflückt und diese für sich kocht. Es ist auch nicht die gesamte „Odyssee", die Werther fasziniert, sondern es sind Odysseus' Heimkehr, Penelopes Treue und die ländliche Natürlichkeit, die er „ohne Affektation in (s)eine Lebensart verweben kann" (HL S. 24/R S. 33). Selbst die tiefste Demütigung, sein Ausschluss aus der aristokratischen Gesellschaft, kann Werther anfangs noch auffangen, indem er sich daran erinnert, „wie Ulyss von dem trefflichen Schweinehirten bewirtet wird" (HL S. 58/R S. 83). Antike Größe ist nicht zu spüren, aber das von Werther geliebte „patriarchalische Leben" (HL S. 24/R S. 33).

Werthers Vorliebe für Homer wird von Albert und Lotte zu seinem Geburtstag am 28. August – es war auch Goethes und Kestners Geburtstag – dadurch belohnt, dass sie ihm eine handliche Homer-Ausgabe schenken. Werthers Homerlektüre bestätigt seine Lebensführung als Stürmer und Dränger, „das ist so wahr, menschlich, innig, eng und geheimnisvoll" (HL S. 62/R S. 89). Da stellen sich allerdings Zweifel ein, ob Werther seinen Homer nicht doch sehr unter dem Aspekt der eigenen Bestätigung vereinfacht hat.

OSSIAN

Der literarische Kanon Werthers ändert sich mit der Zuspitzung seiner Krise. Nun tritt Ossian an die Stelle Homers. Er war schon im Gespräch – „Neulich fragte mich einer, wie mir Ossian gefiele!" (HL S. 30/R S. 42) –, hatte aber für Werther kaum Bedeutung. Als sich nun die Wunschbilder des patriarchalischen Lebens, abgeleitet aus der „Odyssee" und bezogen auf Wahlheim, Lotte und ihn auflösen und sich die Katastrophe abzeichnet, stellt sich schnelle Veränderung ein: „Ossian hat in meinem Herzen den Homer verdrängt. Welch eine Welt, in die der Herrliche mich führt!" (HL S. 70/R S. 100) Nicht mehr das beschauliche Leben unter Gleichgesinnten muss bestätigt werden, sondern der drohende Untergang, die Grabesstimmung und eine Schattenwelt. Im Brief vom 12. Oktober dominiert das Wort „Grab" (HL S. 70 f./R S. 100). Damit ist literarisch Werthers Ende eingeführt.

| 4 REZEPTIONS-GESCHICHTE | 5 MATERIALIEN | 6 PRÜFUNGS-AUFGABEN |

FAZIT

Im Unterschied zur Homer-Rezeption bekommt die Ossian-Rezeption als Programm Bedeutung: Indem Werther seine Ossian-Übersetzung vorliest – der Leser erlebt ihn ein einziges Mal als produzierenden Menschen –, geht der Text ins Geschehen über. Aus der Totentrauer, die Tränen freisetzt, wird die Liebesszene, die letztlich alles zerstört. Die beiden Autoren wirken wie Trägersysteme für Werthers Verhalten; in ihrer Gegensätzlichkeit liegt der Unterschied zwischen Werthers Sehnsucht nach dem erfüllten Leben und seinem Scheitern.

Aufgabe 4 *

Beschreiben Sie Werthers Lebensplanung und vergleichen Sie diese mit Goethes Leben.

Mögliche Lösung in knapper Fassung:

WERTHERS REISEN

Zu Beginn des Romans ist Werther auf Reisen, um familiäre Geschäfte und Erbschaftsangelegenheiten zu klären. Eine juristische Ausbildung darf von daher angenommen werden, zumal er später kurzzeitig in den diplomatischen Dienst eintritt und dort ebenfalls juristische Kenntnisse erforderlich sind. Das sind die Tätigkeiten, die für Werther nachweisbar sind. Zwar wünschen Werthers Mutter und sein Freund Wilhelm, dass er eine gesellschaftlich anerkannte Tätigkeit ausübt, aber ökonomisch darauf angewiesen ist er nicht. Er stammt, so kann der Leser schließen, aus einem vermögenden bürgerlichen Haus, das sich in der gesellschaftlichen Hierarchie bewähren möchte. Das entspricht den biografischen Voraussetzungen Goethes, der ebenfalls aus einem vermögenden Haus stammte, in dem nicht notwendigerweise gearbeitet werden musste.

Für Werther kommt ein zweiter Anlass seiner Reise hinzu: Er flieht vor der Leidenschaft Leonores, einer Frau, mit deren Schwester er eine vertrauliche Beziehung geknüpft hatte, und die daraufhin in Liebe zu ihm entbrannte. Die Flucht vor liebenden Frauen ereignete sich auf Goethes Weg mehrfach: Friederike Brion verließ er ohne Abschied, ebenso Charlotte Buff. Auch die eifersüchtige Neigung zweier Schwestern hatte er erlebt, wie er in Tanzstundenerlebnissen in „Aus meinem Leben. Dichtung und Wahrheit" (9. Buch) beschrieb. Der Name „Leonore" war allerdings zu dieser Zeit in aller Munde, da Bürger 1773 eine Ballade mit dem Titel „Lenore" veröffentlicht hatte. Werthers Planungen vollzogen sich sowohl unter beruflichen Notwendigkeiten für die Familie als auch in der Flucht vor verpflichtenden Neigungen.

ZEITGESCHICHTE

Werther lebte in einem Deutschland, das politisch und wirtschaftlich zersplittert war. Schon die Vielzahl von Gesandtschaften, die Goethe in Wetzlar erlebte, war dafür ein Symptom. Ein Abbild wird in Werthers Arbeit beim Gesandten gegeben. Es erhebt sich die Frage, welche diplomatische Aufgabe dieser Gesandte versieht. Am Reichskammergericht, der höchsten zivilen Gerichtsbehörde des Heiligen Römischen Reiches Deutscher Nation, unterhielten die zahlreichen souveränen Länder dieses Reiches ihre Botschaften. Diese ziemlich sinnlos gewordene, weil wirkungslose, Einrichtung traf kaum Entscheidungen, zumal es durch die Privilegien der verschiedenen Stände behindert wurde. Dafür war es aber ein aufschlussreiches Beispiel für die bewegungsunfähig gewordene Struktur in Deutschland. Landwirtschaftliche Rückständigkeit und eine fehlende Zentralgewalt kamen hinzu. Aber es kam zu einer kulturellen und wissenschaftlichen Blütezeit, die auch bei Werther zu bemerken ist.

DILETTANT

Werther ist ein kontemplativer Mensch – zudem ein Dilettant. Er liest, und Literatur gibt seine Verfassung wider. Dazu dient ihm

4 REZEPTIONS-GESCHICHTE	5 MATERIALIEN	6 PRÜFUNGS-AUFGABEN

die Lektüre von Homer und Ossian. Die Zusammenstellung von Homer und Ossian konnte Werther/Goethe bei Herder finden, der in seinem Aufsatz „Auszug aus einem Briefwechsel über Ossian und die Lieder alter Völker" beide Dichter der Natur verpflichtet sah, jener zentralen Aufgabenstellung des Sturm und Drang.

Zuerst ist es die ländliche Heiterkeit, in der Werther lebt und die er bei Homer bestätigt findet. Dabei hat er aus Homers „Odyssee" nur jene Szenen für sich in Anspruch genommen, in denen Odysseus wieder in seine Heimat kommt und von den einfachen Menschen betreut wird. Dann liest er Ossian; er löst Homer ab. Seine Gesänge sind heldische Todesfeiern, in denen er seinen eigenen Zustand vorweggenommen sieht.

Werthers wirkliche Tätigkeit ist gering – er ist kurze Zeit im diplomatischen Dienst; seine eigentliche Leistung, die er vollbringt und die auch sein Leben entscheidet, ist eine literarische Tätigkeit: Er übersetzt die Lieder Ossians und trägt sie Lotte vor; daraus entwickelt sich die alles zerstörende Liebesszene, deren Folge der Selbstmord Werthers ist. Goethe hatte ebenfalls Lieder des Ossian übersetzt und sie Friederike Brion geschenkt. Aber bei Goethe blieb es nicht bei diesen Übersetzungen, die letztlich eine passive Form des Umgangs mit Literatur sind. Werther schafft sich seine Bestätigungen nicht durch eine selbstständige Planung seines Lebens, sondern durch Lektüre: Emotionale Übereinstimmung zwischen Lotte und Werther wird nicht durch ein persönliches Geständnis mitgeteilt, sondern durch den Namen Klopstocks. Selbstvergessener Liebesrausch, der den Tod provoziert, folgt keinem Liebesgeständnis, sondern entsteht aus dem Vorlesen der Ossian-Übersetzungen. Selbst der Tod Werthers geschieht nach dem literarischen Modell: Auf dem Pult liegt aufgeschlagen Lessings „Emilia Galotti".

VERGLEICH

FAZIT

Da die deutsche Zersplitterung keine politischen Entwicklungen wie in Frankreich zuließ, konzentrierten sich die gesellschaftlichen Konzeptionen auf die Gebiete von Philosophie und Literatur. Goethes Werther ist dafür eine typische Gestalt: Er eignet sich Literatur und Kunst in großem Umfang an, wird aber nicht zu einem wirklich handelnden Menschen, sondern bezieht seine Lebensprogramme aus den literarischen Beispielen, aus Homer und Ossian, denen er kontemplativ folgt, nicht aktiv. Werther ist Dilettant des 18. Jahrhunderts, der die Ansprüche des Originalgenies stellt, aber sie nicht erfüllen kann. Das ist ein entscheidender Unterschied zu Goethe: Während Werther nur übersetzt, wird Goethe zum literarischen Schöpfer und kann damit seine individuellen, aber auch seine gesellschaftskritischen Probleme bewältigen.

4 REZEPTIONS- GESCHICHTE	5 MATERIALIEN	6 PRÜFUNGS- AUFGABEN

LITERATUR

Zitierte Ausgaben:

Goethe, Johann Wolfgang von: *Die Leiden des jungen Werther*. Heftbearbeitung: Uwe Lehmann. Husum/Nordsee: Hamburger Lesehefte Verlag 2010 (Hamburger Leseheft Nr. 115). Zitatverweise sind mit **HL** gekennzeichnet.

Goethe, Johann Wolfgang: *Die Leiden des jungen Werther*. Nachwort von Ernst Beutler, Stuttgart: Philipp Reclam jun., durchgesehene Ausgabe 2001 (Reclams Universal-Bibliothek Nr. 67). Zitatverweise sind mit **R** gekennzeichnet.

Weitere Werkausgaben:

Goethe, Johann Wolfgang: *Werke, Band 6* (Hamburger Ausgabe), herausgegeben und durchgesehen von Erich Trunz, kommentiert von Erich Trunz und Benno von Wiese. Hamburg: Wegner 1951; München: C. H. Beck, 10. Auflage 1981.

Goethe, Johann Wolfgang: *Poetische Werke, Band 9* (Berliner Ausgabe), bearbeitet von Margot Böttcher, Werner Liersch und Annemarie Noelle, Berlin: Aufbau Verlag, 1961.

Goethe, Johann Wolfgang von: *Werke* (Berliner Ausgabe). 22 Bde. Hrsg. von Gertrud Rudloff-Hille und Siegfried Seidel. Berlin: Aufbau-Verlag, 2. Auflage 1976–1978.
→ Gut und ausführlich erläutert und kommentiert, eignet sich für speziellere Arbeiten und leistet in vieler Hinsicht Pionierarbeit; nach dieser Ausgabe wird zitiert mit der Sigle BA, Band- und Seitenangabe.

LITERATUR

Weitere Quellen:

Bode, Wilhelm (Hg.): *Goethe in vertraulichen Briefen seiner Zeit-genossen*, Band 1–3, Berlin und Weimar: Aufbau Verlag, 1979; München, 1982.

Eckermann, Johann Peter: *Gespräche mit Goethe in den letzten Jahren seines Lebens 1823–1832*, Berlin: Aufbau Verlag, 1962.

Götting, Franz (Hg.): *Chronik von Goethes Leben*. Leipzig: Insel, 1957.

Gräf, Hans Gerhard (Hg.): *Goethe über seine Dichtungen. Versuch einer Sammlung aller Äußerungen des Dichters über seine poetischen Werke*, 3 Teile in 9 Bänden, Frankfurt a. M.: Rütten & Loening, 1901–1914.

Herder/Goethe/Möser: *Von Deutscher Art und Kunst*. Leipzig: Verlag Philipp Reclam jun., 1960.

Kestner, August (Hg.): *Goethe und Werther. Briefe Goethes, meistens aus seiner Jugendzeit, mit erläuternden Dokumenten*. Stuttgart und Tübingen 1854, neu herausgegeben von Eduard Berend: *Goethe, Kestner und Lotte*. München 1914.

Lernhilfen und Kommentare:

Gysi, Klaus u. a.: Die Leiden des jungen Werthers. In: *Klassik. Erläuterungen zur deutschen Literatur*. Berlin: Volk und Wissen, 1965.

Hein, Edgar: *Johann Wolfgang Goethe. Die Leiden des jungen Werther*. München: R. Oldenbourg Verlag, 1997.

Rothmann, Kurt: *Johann Wolfgang Goethe. Die Leiden des jungen Werther*. Erläuterungen und Dokumente. Stuttgart: Reclam, 1971, revidierte Ausgabe 2000.

Stückrath, Jörn: Johann Wolfgang Goethe: Die Leiden des jungen Werthers. In: *Deutsche Romane von Grimmelshausen bis Walser: Interpretationen für den Literaturunterricht*. Herausgegeben von Jakob Lehmann, Band 1, Königstein/Ts.: Scriptor Taschenbücher, 1982, S. 27–47.

Sekundärliteratur:

Bernhardt, Rüdiger: *Ulrich Plenzdorf. Die neuen Leiden des jungen W.* Königs Erläuterungen und Materialien, Bd. 304. Hollfeld: C. Bange Verlag, 4. Auflage 2010.

Beutler, Ernst: Wertherfragen. In: *Goethe-Jahrbuch*. Neue Folge. Herausgegeben von der Goethe-Gesellschaft, 5. Jahrgang, Weimar 1940, S. 138–160.

Boyle, Nicholas: *Goethe. Der Dichter in seiner Zeit*. Band I: 1749–1790, Band II: 1790–1803. Aus dem Englischen übersetzt von Holger Fliessbach. Frankfurt a. M. und Leipzig, Insel Verlag, 2004.

Brandes, Georg: *Goethe*. Berlin: Erich Reiss Verlag, 1922.

Eissler, Kurt R.: *Goethe. Eine psychoanalytische Studie 1775–1786*, herausgegeben von Rüdiger Scholz, aus dem Amerikanischen von Peter Fischer. 2 Bände, München: Deutscher Taschenbuch Verlag 1987.

Friedenthal, Richard: *Goethe. Sein Leben und seine Zeit*. München: R. Piper & Co Verlag, 1963.

Hettner, Hermann: *Geschichte der deutschen Literatur im 18. Jahrhundert*. 2 Bände, Berlin: Aufbau Verlag, 1961.

Höfer, Anja: *Johann Wolfgang von Goethe*. München: dtv, 1999.

Jäger, Georg: *Die Leiden des alten und neuen Werther. Kommentare, Abbildungen, Materialien zu Goethes* Leiden des jungen Werthers *und Plenzdorfs* Die neuen Leiden des jungen W. München, Wien: Hanser, 1984.

Lämmert, Eberhard: Goethes empirischer Beitrag zur Roman-theorie. In: Paul Michael Lützeler und James E. McLeod (Hg.): *Goethes Erzählwerk*. Stuttgart: Reclam, 1998, S. 9–36.

Lenz, Jakob Michael Reinhold: Über Götz von Berlichingen. In: *Werke und Briefe in drei Bänden*. Herausgegeben von Sigrid Damm. Leipzig: Insel Verlag, 1987.

Lösch, Michael: *Who's who bei Goethe*. München: dtv, 1998.

Mattenklott, Gert: Die Leiden des jungen Werthers. In: *Goethe Handbuch*, Band 3 (Prosa), hrsg. von Bernd Witte, Theo Buck, Hans-Dietrich Dahnke und Gernot Böhme. Stuttgart/Weimar: Verlag J. B. Metzler, 1997.

Mayer, Hans: *Goethe*. Hg. von Inge Jens. Frankfurt am Main: Suhrkamp Verlag, 1999.

Michel, Christoph (Hg.): *Goethe. Sein Leben in Bildern und Texten*. Vorwort von Peter Goldammer. Frankfurt am Main: Insel Verlag und Berlin/Weimar: Aufbau Verlag, 1982.

Migge, Walther: Goethes Werther. Entstehung und Wirkung. In: *Insel-Almanach 1973*. Die Leiden des jungen Werthers. *Goethes* Werther *als Schule der Leidenschaften*. Frankfurt a. M.: Insel Verlag, 1972, S. 23–69.

Müller, Peter: *Zeitkritik und Utopie in Goethes Roman* Die Leiden des jungen Werthers. Berlin: Rütten & Loening, 2. Auflage 1983.

Rahmeyer, Ruth: *Werthers Lotte. Goethes Liebe für einen Sommer. Die Biografie der Charlotte Kestner*. Frankfurt a. M. und Leipzig: Insel Verlag, 1999.

Reuter, Hans-Heinrich: Der gekreuzigte Prometheus: Goethes Roman Die Leiden des jungen Werthers. In: *Goethe-Jahrbuch*. Hg. von Helmut Holtzhauer. Weimar: Verlag Hermann Böhlaus Nachfolger, 89. Bd., 1972, S. 86–115.

Vaget, Rudolf: Die Leiden des jungen Werthers. In: Paul Michael
Lützeler und James E. McLeod (Hrsg.): *Goethes Erzählwerk*.
Stuttgart: Reclam, 1998 (Universal-Bibliothek Nr. 8081),
S. 37–72.

Wierlacher, Alois: Max Frisch und Goethe. Zum Plagiatprofil
des Stiller. In: *Goethe-Jahrbuch*. Hg. von Karl Heinz Hahn.
Weimar: Verlag Hermann Böhlaus Nachfolger, 103. Bd., 1986,
S. 266–277.

Verfilmungen (Auswahl):

Begegnung mit Werther. BRD 1949.
    Drehbuch: Hermann Gressieker und Karl Heinz Stroux.
    Regie: Karl Heinz Stroux

Die Leiden des jungen Werther. DDR 1976.
    Drehbuch: Helga Schütz und Egon Günther.
    Regie: Egon Günther

Die Leidenschaftlichen. Goethes Werther:
    Dichtung und Wahrheit. BRD/Österreich/Schweiz 1981.
    Drehbuch: Hans Christoph Buch und Thomas Koerfer.
    Regie: Thomas Koerfer

Werther. BRD 2008.
    Regie: Uwe Janson

STICHWORTVERZEICHNIS

Aristokratie 6, 16 ff., 25, 37,
111, 116, 120

Aufklärung 16, 19 f., 43, 63,
67, 71 f., 87, 96, 112

auktorialer Erzähler 59

Briefroman 7, 31, 36 ff., 44, 56

Bürgertum 6 ff., 16 ff., 21, 25,
34, 36 f., 41, 44, 48 f., 65,
67, 76, 94 ff., 110, 111 ff.

Dilettant 19 f., 96, 122, 124

Dreieckskonflikt 7, 27,
63 f., 109

Ellipse 8, 91 f.

Empfindsamkeit 20, 28, 35,
45, 71, 77, 94, 106, 108

fallende Handlung 7, 56,
58 f., 92

Feudalstruktur 8, 16, 18, 50,
94 f., 116

fiktiver Herausgeber 7, 56

Französische Revolution 16,
96, 117 f.

Gedankenstrich 91

Genie 18 ff., 25, 74, 102, 124

Homer 11, 18 ff., 36, 40, 43,
45, 47, 52, 58, 60 f., 65,
72 f., 78, 80 ff., 86 f., 102,
111, 115 f., 119 ff., 123 f.

industrielle Revolution 16

Interjektion 8, 91

Inversion 8, 84, 91

Klimax 8, 91 ff.

Klopstock 12, 22 f., 45, 48,
54, 78, 80, 92, 95, 112,
119, 123

Liebesroman 117

Natur 8, 18 ff., 28, 36, 43 f.,
49, 58, 60, 62, 65, 71, 72 ff.,
76, 79, 93 f., 97, 108 ff.,
111 f., 114 ff., 119, 123

Originalgenie siehe Genie

Ossian 11, 18 ff., 36, 40, 52,
54, 60 f., 65, 80, 84, 87, 89,
108, 118 ff., 123 f.

Oxymoron 8, 91 f.

Parallelhandlung 7, 44, 46 f.,
51, 53, 56, 59, 60 f., 82 f.,
88, 115

Rousseau 18 ff., 31, 36, 71, 76,
79, 94 f., 101, 116, 118 f.

Selbstmord 7, 12, 22, 31, 33 f.,
43, 46 f., 50, 53, 60 f., 63,
65, 67, 82 f., 90, 98, 102 f.,
106, 109, 114, 116, 123

Shakespeare 10 f., 18 ff., 112

steigende Handlung 7, 56,
58 f., 92

Sturm und Drang 8, 11 f., 16, 18 ff., 25 f., 29, 43, 73 f., 80, 84, 91 f., 94, 114, 119, 123
Subjekt 8, 94 ff.
Tugend 37, 90, 111 f.

Weltschmerz 96, 99, 109
Werther-Kleidung 12, 44, 54, 65, 77, 104, 113
Werther-Prosa 93, 105

DIGITALES ZUSATZMATERIAL

Literarisch vernetzt! Über 600 Materialien online.

Neuerscheinungen, Aktionen, kostenlose Angebote und Infos rund um Literatur.

Melden Sie sich gleich an – es lohnt sich!*

- über **150 Gedichtinterpretationen** je 0,99 Euro
- über **200 Königs Erläuterungen** als PDF
- **Königs Erläuterungen** jetzt auch **als E-Book** für alle gängigen Lesegeräte, iPad und Kindle
- über **50 MP3** mit Audio-Inhaltszusammenfassungen zu gängigen Werken **kostenlos!**
+ über **150 kostenlose Abituraufgaben**
+ Anleitung „Wie interpretiere ich?" **kostenlos!**
+ Anleitung „Wie halte ich ein Referat?" **kostenlos!**
+ Literaturgeschichte von A-Z **kostenlos!**

Seien Sie immer aktuell informiert mit unserem **Newsletter** oder über unsere **Social-media-Plattformen**.

 Königs Erläuterungen   www.bange-verlag.de

* Sie erhalten max. 1 Newsletter monatlich!

www.königserläuterungen.de   www.bange-verlag.de